I

BASILIDÈS,

ÉVÊQUE GREC DE CARYSTOS EN EUBÉE,

A M. LE COMTE

DE MONTLOSIER,

EN FRANCE.

IMPRIMERIE DE J. TASTU,

RUE DE VAUGIRARD, N° 36.

✠ BASILIDÈS,

ÉVÊQUE GREC DE CARYSTOS EN EUBÉE,

TANT EN SON NOM QU'EN CELUI DE LA PLUPART DES ARCHÊVÊQUES ET ÉVÊQUES DE L'ÉGLISE GRECQUE,

A M. LE COMTE DE MONTLOSIER,

Sur son Mémoire à consulter,

ET SUR LES RAISONNEMENS QUE LUI OPPOSENT DES PRÉLATS QUI, SANS CLERGÉ NI TROUPEAU, SE PARENT COMMODÉMENT EN FRANCE DU TITRE DE NOS ÉGLISES, SANS VOULOIR EN SUPPORTER LES CHARGES, NI COURIR LES DANGERS

Traduit du Grec moderne par M...o.

Bonus pastor animam suam
dat pro ovibus suis
(JOAN. 10.)

PARIS

AMBROISE DUPONT ET Cie, LIBRAIRES,
RUE VIVIENNE, N° 16

1826

LETTRE

DE M. LE COMTE DE MONTLOSIER

A M. J. TASTU, IMPRIMEUR.

MONSIEUR,

Je reçois journellement, en vers et en prose, nombre d'écrits au sujet du *Mémoire à consulter* et de la *Dénonciation* que je viens de porter à la Cour royale contre un *Système politique et religieux, tendant à renverser la religion, la société et le trône*. Parmi ces pièces, il en est une que je puis croire m'avoir été envoyée d'Italie, et qui me paraît entrer profondément et très-savamment dans plusieurs points de la question présente; c'est une

Lettre de Mgr l'évêque de Carystos en Eubée, tant en son nom qu'au nom des archevêques et évêques de l'Église grecque. Je vous la transmets, afin que vous lui donniez de la publicité autant que cela vous sera possible. Je ne me connais aucun moyen de répondre, comme je le désirerais, aux bontés que me témoigne Mgr l'évêque de Carystos. Il verra au moins, dans cette démarche de ma part, un témoignage de mon respect et le prix que je mets à ses savantes et lumineuses discussions.

Je suis très-parfaitement,

Monsieur,

Votre très-humble et très-obéissant serviteur,

Le Cte DE MONTLOSIER.

Paris, ce 1er août 1826.

AVERTISSEMENT

DU TRADUCTEUR.

—

Les Grecs du voisinage d'Athènes n'ont pas perdu cette singularité de l'ancien caractère des Athéniens qui en faisait des causeurs infatigables, passant interminablement d'un objet à l'autre, pour ne pas cesser de parler. La quantité de sujets que parcourt l'évêque de Carystos étonne presque autant que la connaissance qu'il a de nos affaires, de nos livres tant anciens que nouveaux, et même de tout ce qui se dit et s'écrit parmi nous. Il fréquente sans doute ces compagnies choisies de l'Attique, dans lesquelles il y aurait aujourd'hui, comme au temps de Théophraste, des conversations instructives.

J'étais d'abord surpris que, dans sa lettre de critique à M. le comte de Montlosier, l'on ne trouvât pas d'une manière bien marquée ce ton de raillerie si familier aux voisins comme aux habitans d'Athènes, et qui s'échappait continuellement en plaisanteries, d'autant plus redoutables que la malignité en était cachée avec un art fort aimable, au rapport de Lucien; mais en y réfléchissant, et considérant la gravité des matières traitées par le Grec dont il s'agit, et surtout sa dignité, j'ai compris pourquoi il s'était contenu dans un style sérieux. On doit lui en savoir gré, surtout parce qu'il n'a pu y réussir qu'en faisant une violence continuelle à cette qualité ou ce défaut du caractère national. Il paraît avoir senti profondément qu'il fallait être grave en écrivant pour des Français, qui ne sont plus ceux du temps de la *Régence*, et à qui les circonstances où ils se trouvent ne permettent pas de rire.

Ce qui m'a causé le plus de peine dans la traduction de cette lettre grecque, ce sont les citations que le prélat Basilidès y a faites de divers écrits français, en changeant leur texte matériel par sa traduction en grec moderne. Je ne pouvais les reproduire devant des Français qu'avec leur physionomie native, en les copiant sur les originaux, et plusieurs n'étaient pas faciles à retrouver; mais avec du courage et du temps dans les recherches que j'en ai faites, j'ai eu le bonheur de me les procurer. Les lecteurs entre les mains de qui ces originaux pourraient tomber, jugeront que je les ai copiés avec une scrupuleuse fidélité. On ne verra pas sans admiration qu'il est impossible d'avoir contre l'ultramontanisme un arsenal mieux fourni d'armes françaises que la bibliothèque des évêques de l'Archipel.

La candeur, dont un traducteur doit se piquer, oblige mon amour-propre à confesser qu'il y a dans le manuscrit de l'évêque de Carystos une difficulté que je n'ai pu vaincre, faute de connaître tous les termes, un peu variables, du grec vulgaire de l'Eubée. On en aura la triste preuve en quelques endroits de ma traduction. Dans la crainte de me tromper en voulant donner des mots français qui correspondissent à ceux que je ne comprends pas bien dans l'écrivain grec, j'ai mieux aimé passer pour ignorant de bonne foi, en les laissant tels qu'ils sont dans l'original, et ne faisant que substituer l'écriture française à l'écriture grecque. Il se trouvera vraisemblablement, parmi les lecteurs, des gens plus habiles que moi, pour qui ces mots ne seront pas des énigmes, et qui les expliqueront aux autres, en remontant peut-être jusqu'à moi, ce dont je serais très-reconnaissant.

Pour obvier à l'inconvénient de la *garrulité* du prélat Basilidès, qui semble, au premier coup-d'œil, confondre une infinité de choses, ce qui pourrait les rendre difficiles à retrouver, je vais donner une espèce de table des sujets traités dans chacun des paragraphes numérotés, sous la série desquels, suivant l'usage grec, l'évêque de Carystos les a classés.

N... o.

SOMMAIRE DES PARAGRAPHES.

✠ BASILIDÈS,

ÉVÊQUE GREC DE CARYSTOS, EN EUBÉE,

TANT EN SON NOM QU'EN CELUI DE LA PLUPART DES ARCHEVÊQUES ET ÉVÊQUES DE L'ÉGLISE GRECQUE,

A M. LE COMTE DE MONTLOSIER,

EN FRANCE.

Monsieur le comte,

I. Dans votre France, où le clergé nous compte pour rien, et même pour quelque chose de plus mauvais que rien, l'on s'abuserait grossièrement, si l'on pensait que nous ignorons l'histoire de l'église gallicane et les écrits comme les faits qui l'illustrèrent depuis les premiers temps du christianisme, jusqu'à la fin du dix-huitième siècle. Nous connaissons aussi les faits et les écrits qui lui ont donné une physionomie si équivoque en 1801, par le bouleversement de son ancien épiscopat. L'intérêt qu'elle nous avait inspiré, et qui se répandait sur toute votre nation, s'était dès-lors fort affaibli; mais votre nation le ranime bien vivement par sa compassion *chrétienne* autant que naturelle et généreuse pour nos malheurs. Quand je dis *votre nation*, faut-il en retrancher son clergé qui semble répudier les sentimens qu'elle nous inspire, et dont jadis elle lui était redevable?

Cette bizarrerie nous a rendus extrêmement avides de tous les écrits du jour dans lesquels nous espérions trouver la solution d'un problème qui tourmentait notre esprit encore plus qu'il n'affligeait notre cœur; je veux dire l'apathique indifférence de vos évêques sur notre déplorable situation, leur froid silence, leur insensibilité politique et si peu chrétienne, au milieu de ces élans universels et magnanimes en notre faveur chez l'immensité de Français dont le sort temporel ne dépend en aucune manière de la cour de Rome.

II. Que des fourbes, intéressés à empoisonner ce qu'il y a de plus honorable, cherchent à persuader qu'il n'y a dans ces beaux élans qu'un amour déguisé pour les révolutions qui procurent l'indépendance; ce qui peut-être ne serait pas un si grand mal lorsqu'il s'agit de soustraire à l'impie cimeterre de Mahomet des chrétiens baptisés au nom du Père, du Fils et du Saint-Esprit : il restera toujours évident, pour les hommes de la droiture et pour la postérité, que, chez vos sincères catholiques comme chez les chrétiens des communions protestantes, tous également empressés à nous secourir, leurs prodigieuses largesses pour leurs frères d'Orient, leurs aînés en Jésus-Christ, partent d'un évangélique enthousiasme pour la contrée qui fut le berceau du christianisme. Antioche fut sept ans la chaire de saint Pierre, avant que la circonstance fortuite de Simon-le-Magicien qui se faisait admirer à Rome par ses prestiges, y fit aller pour en détruire le charme, ce prince des apôtres qui venait de convertir les habitans de Lydde, de Sarone, de Joppé, et qui, après avoir triomphé de Simon, passa à Jérusalem, ne revint à Rome que pour retourner à Antioche, et ne fixa réellement sa résidence dans la capitale de l'empire que vingt-deux ans après l'ascension de Jésus-Christ. Saint Paul avait adressé deux épîtres aux chrétiens de Thessalonique, une à ceux de la Galatie, deux à ceux de Corynthe, avant d'en écrire une à ceux de Rome. Est-ce des villes suburbicaires de Rome que les Tite, les Timothée, les Barnabé, les Sila, les Polycarpe, les Ignace d'Antioche, les Athanase, etc., furent les évêques? Presque tous les premiers papes furent des Grecs. La France ne dut-elle pas les premières lumières de la foi aux saints évêques que, dès le second siècle, la Grèce envoya dans les Gaules pour y prêcher l'Évangile? Sans les Pothin et les Irénée que dès-lors elle vous donna successivement pour apôtres, sans les prêtres Andoche, Thyrse et Bénigne que saint Polycarpe fit partir comme tels, les deux premiers pour Autun, le troisième pour Dijon; sans les Ferréol et Ferrucion que saint Irénée, en qui saint Épiphane voyait réunis tous les dons du Saint-Esprit, chargea d'aller évangéliser la Franche-Comté; sans les Félix, les Fortunat, les Achilée qu'il fit porter la foi vers le midi de la France; sans cet évêque Hippolyte qu'il établit dans les Gaules, et que saint Jérôme, saint Chrysostôme et Théodoret préconisent comme un docteur de l'Église, combien de temps encore vos ancêtres ne seraient-ils pas restés dans les ténèbres de l'idolâtrie, s'ils n'eussent dû en être tirés que par l'Église de Rome? Ce n'était pas à elle, mais à celle d'Asie et de Phrygie, comme à leur mère, que les fidèles de Vienne et de Lyon avaient écrit en 177 pour les informer du glorieux martyre de saint Pothin et de ses quarante-sept compagnons. Ce saint Martial avec ses deux prêtres, Alpinien et Austriclinien, dont je vois seulement au milieu du troisième siècle le pape Fabien diriger la course apostolique vers l'Aquitaine, n'étaient-ils pas venus de la Grèce ? Et il en était de même de ce Paul qui fonda l'église de Narbonne; de ce Trophime qui fut le premier évêque d'Arles; de ce Gatien qui établit le siége de Tours; de ce Strémoine qui créa l'évêché de Clermont; de ce Saturnin qui érigea celui de Toulouse; de votre saint Denis qui planta la croix sur les rives de la Seine. Je n'en finirais pas, si j'énumérais toutes les églises de France qui doivent, soit directement, soit indirectement, à des apôtres d'Orient, les siéges dont les prélats actuels se font des *trônes*; et je ne conçois pas comment la France d'aujourd'hui se laisse dire par le fictif évêque de la ville égyptienne de ce Mercure trois fois grand, qui réunit en sa personne le sacerdoce et la royauté; par cet illustre pontife nominal d'une province de l'empire d'Ibrahim-Pacha, « que l'Église gallicane » doit à l'Église de Rome, en grande partie du moins » (c'est-à-dire presque en totalité), la connaissance de » l'Évangile [1]. »

III. Votre *Mémoire*, M. le Comte, nous donne le mot de toutes ces énigmes. Il nous fait deviner pourquoi vos évêques actuels, successeurs éloignés des apôtres grecs qui fondèrent par eux ou par leurs disciples presque

[1] A la page 227 de ses prétendus *Vrais Principes de l'Église gallicane*, édition de 1826.

tous les siéges épiscopaux sur lesquels ces évêques du jour se disent intronisés *par la grâce du Saint-Siége*, diffèrent si fort de leurs prédécesseurs qui, comme Bossuet, se disaient seulement évêques *par la miséricorde* ou *la permission divine*, et surtout de ceux du moyen âge qui firent tant d'efforts, de si pénibles voyages, et même des prouesses, pour nous soustraire à la tyrannie des Sarrasins et des Turcs.

Vous nous expliquez même assez nettement, M. le Comte, pourquoi ces prélats d'aujourd'hui connivent, dans leur funeste inaction à notre égard, avec les cabinets de ces Puissances d'Europe qui protégent si patemment nos impies et barbares exterminateurs, quoique l'une ait le titre de *catholique*, l'autre de *très-chrétienne*, celle-ci d'*apostolique*, et celle-là de *mère et maîtresse de toutes les Églises*. Mais, au surplus, dussiez-vous en être jaloux, ce glorieux prélat qui est bien plus ministre politique qu'évêque d'Hermopolis, en a dit ensuite presque autant que vous, et, ce qui mieux est, avec l'infaillibilité d'une excellence, lorsqu'il a révélé aux députés de la nation, le 26 mai dernier, que votre clergé actuel professait avec son approbation du moins tacite, le système de l'infaillibilité du Pape, de sa supériorité sur les conciles généraux, et de sa puissance sur le temporel des rois. Comme notre persévérance invincible dans le sentiment contraire, énergiquement manifesté par nos prédécesseurs au concile de Florence [1], est, ainsi que je vais le prouver, la principale

[1] Après l'acte de réunion, les prélats latins du concile qui baisaient les pieds du Pape, voulaient que les prélats grecs en fissent autant, le

cause de l'inimitié de Rome envers nous, il est tout naturel que votre clergé soit aussi notre ennemi.

IV. Que l'opposition de notre part à ces prétentions de la cour de Rome soit le principal motif de son inimitié, c'est un fait dont ne permet pas de douter le triste résultat de la déclaration solennelle que fit, vers la fin du dix-septième siècle, au nom de toute l'Église grecque, notre bienheureux Hélias Méniatès, évêque de Zenitzar[1], dans son livre si souvent réimprimé en tous lieux, et intitulé *la Pierre d'achoppement*. Il y disait au souverain pontife, comme à tout le monde chrétien : « La » contestation sur le pouvoir du Pape est la principale » et même l'unique cause de nos divisions ; c'est le mur » de séparation entre les deux Églises ; et s'il était pos- » sible de s'entendre sur ce seul point, il ne serait pas » difficile de s'accorder sur tous les autres, et d'arriver » à une réunion parfaite. » Les autres points de dissidence étaient la communion sous les deux espèces, le célibat des prêtres que même Rome n'exige pas des Grecs unis, quelques autres usages de discipline, et la répugnance que certains d'entre nous avaient à convenir que Marie, mère de Jésus-Christ selon la chair, l'ait été selon la divinité de son fils : nous nous soumettions sur tout, excepté sur l'étendue incommensurable que le pape veut donner à sa primauté. Mais il a tenu à cela d'une manière inflexible ; tous les autres points ont été sacrifiés à celui-ci qui n'intéressait que des préten-

patriarche Joseph répondit : « J'attendrai pour cela qu'on m'ait prouvé » que les apôtres baisèrent les pieds de saint Pierre. »

[1] Autrefois capitale de la Macédoine, sous le nom de Bunonia et Pella.

tions désavouées par l'Évangile, les Saints-Pères et les conciles; et l'anathème s'est appesanti sur nous.

V. Comme Rome n'avait pas la force physique de nous dépouiller de nos siéges, elle a voulu s'en dédommager en donnant le titre de nos Églises à des prêtres courtisans et de condition infime, qui ambitionnaient mondainementles honneurs de la crosse et de la mitre, sans vouloir aucune des charges de cet épiscopat. Et vous observerez, M. le Comte, qu'il n'est aucune nation attachée à l'Église romaine qui ait eu, autant que la vôtre, de ces évêques fictifs portant des titres usurpés sur l'Église grecque. Comptez, si vous le pouvez, tous vos soi-disant évêques de Tibériade, de Dardanie, de Sidon, d'Égée, de Sarepta, de Samosate, d'Amyclée, d'Amasie, de Tempé, de Caryste, d'Hermopolis, etc., etc.; mais surtout n'oubliez pas que, notamment depuis 1639, quoique les *In partibus* fussent en dehors de l'épiscopat français, ces obséquieux de la cour de Rome ont été appelés et sont entrés dans toutes les cabales de ceux de vos évêques effectifs qui, façonnés par les maximes de la Ligue, voulaient narguer le gallicanisme par quelque décision bien ultramontaine. Quand vous verrez quelques-unes de ces décisions préconisées frauduleusement comme étant celles de l'épiscopat français, ce sera toujours par des *In partibus*.

VI. Ces évêques de parade et d'obséquiosité, ces pasteurs illusoires et chimériques (car suivant le droit canon, *Pastor à pascendo*, *episcopus ab intendendo*); ces superfétations épiscopales, inconnues dans les bons siècles de l'Église, onéreuses à l'État, fâcheuses au clergé, utiles seulement à la cour de Rome qui les crée, et quelquefois pourtant par accident à ceux des prélats effectifs qui n'aiment pas à résider dans leurs diocèses, ou sont trop grands seigneurs pour faire eux-mêmes les ordinations et pour administrer le sacrement de confirmation à des paysans; ces *In partibus* en un mot que Rome n'eût pas osé imposer à la France sous le règne de Bonaparte, s'y sont étrangement multipliés depuis l'époque de 1815, où les Bourbons remontèrent sur le trône; et ils y ont exercé une telle influence, qu'on n'y a rien fait de notable dans l'ordre ecclésiastique sans l'intervention dominatrice de quelqu'un de ces prélats pseudo-grecs, faits tels par et pour la cour de Rome.

Voilà pourquoi les diverses déterminations prises pour la réorganisation de votre clergé, ont toutes été si pleines de déférence pour le sacre et le couronnement de Bonaparte en 1804 et surtout pour ce concordat de 1801, qui, préliminaire évident et nécessaire de ce sacre et couronnement, implanta si fortement l'ultramontanisme en France, et y amena cette société soi-disant de Jésus dont la grande maxime est : *Tout ce que fait le Pape, c'est Dieu même qui le fait.* En cela, du moins, ces *In partibus* paraissent avoir le mérite de la reconnaissance; car il n'en est à peu près aucun qui ne doive à l'un ou l'autre de ces déplorables événemens d'être sorti de la poussière et de l'obscurité. Où étaient-ils? qui en avait jamais entendu parler auparavant, lorsque tant de prêtres fidèles sacrifiaient leur vie pour la cause de la religion et les intérêts de la dynastie légitime?

Quand on commença, vers 1816, par vouloir rétablir les anciens siéges épiscopaux, qui vîtes-vous agir avec la prépondérance de l'activité et de l'adresse, sous la direction d'un jeune ministre et avec l'assistance d'un vieux prélat, qui, apologiste de tous les sermens révolutionnaires depuis 1792, venait de publier un pompeux éloge des jésuites? Ce fut un lévite de la chapelle de Bonaparte, déjà fait, à cette condition sans doute, évêque nominal d'une ville de la Syrie sur les bords de l'Euphrate, et qui, tout célèbre qu'est ce fleuve grossi des larmes des Israelites, ne lui souriait pas autant que les embrassemens de la Seine, au centre de Paris. Aussi fut-elle consommée en 1817, cette entreprise inouie dans l'Église que le consécrateur de Bonaparte n'avait pu conduire à son complément, celle de dépouiller de leurs siéges des évêques légitimes qui avaient souffert la persécution pour la cause de la religion et du Roi. Ceux qui survivaient ne furent-ils pas forcés de donner leur démission? Ils ne la donnèrent qu'à la condition de juger des arrangemens que le Pape proposerait; mais on se moqua de la condition; et leurs siéges furent livrés à de nouveaux venus.

Le concordat qui sanctionnait cet étrange rétablissement des siéges, en confirmant les dispositions pontificales et bonapartiennes de 1802, a-t-il besoin d'un défenseur? Voyez surgir, avec l'air de protéger les maximes gallicanes qu'en effet il vient fausser, un conférencier fort vanté des temps de l'Empire, qui précédemment était aussi inconnu que s'il n'eût pas existé. Aussi, dans les prétendus *Vrais principes* qu'il publia, ne manqua-t-il pas de préconiser le concordat de 1801 et ses suites. Parmi les honneurs qui l'en récompensèrent, le plus cher à son désintéressement fut l'évêché fictif d'une ville qui a pour métropolitain le pacha du Caire.

Entre-t-il dans les vues de la faction ultramontaine d'en inoculer profondément les sentimens à tout le clergé de France par la récitation du bréviaire et par la lithurgie de la messe ; de faire mieux encore que ce que l'on avait imaginé sans succès en 1728 où la faction voulut introduire chez vous l'office de *saint* Grégoire VII ; c'est-à-dire, d'y faire célébrer la fête de son émule Pie V et toutes celles des jésuites, à la place de celles de saints justement vénérés de tout temps par la France ? Comme il convient à la politique jésuitique que l'exemple en soit donné par la capitale afin que cela serve de règle à toutes les provinces, ce sera le jeune évêque *in partibus* de Syrie qui, avec deux ou trois jeunes élèves du séminaire de Saint-Sulpice, et à l'ombre d'un prélat cassé par l'âge et descendant au tombeau, fera ces changemens anti-gallicans dans le missel et le bréviaire de Paris, malgré les réclamations du chapitre et sans s'inquiéter des solécismes et des fautes de quantité qu'on reproche à ses jeunes collaborateurs.

Les jésuites, que Pie VII appelait avec tant de complaisance les *vigoureux rameurs* de sa barque, avaient trop de prévoyance pour ne pas capter d'avance le prince qui devait succéder bientôt à l'infirme et mourant Louis XVIII. Le prêtre auquel le prince avait confié la direction de sa conscience, n'était pas sans ambition pour l'épiscopat : Rome le fait évêque idéal d'une charmante ville du territoire de l'ancienne Lacédémone, de cette enchanteresse Misitra d'aujourd'hui qui fut si fameuse autrefois par son magnifique temple d'Apollon, par les jolies prêtresses qui le desservaient et donnaient à leur supérieure le nom de *mère*, comme les religieuses de vos couvens. Mais ces souvenirs et même les riantes prairies qui environnent cette ville, les arbres superbes qui s'y balancent avec tant de grâce, les excellens fruits qu'on y cueille, n'ont point tenté cet *In partibus*. Il en avait de bien plus beaux et plus succulens à cueillir en France.

Les conquêtes faites poussent à en faire de nouvelles plus importantes encore que les précédentes. Ce n'était pas assez que la France eût été mise, sans qu'on s'en doutât, en pays de mission, comme la Hollande vers 1614. Il convenait à la cour de Rome que le Pape plantât chez vous son étendard d'évêque universel; et le premier siége des Gaules, celui des Pothin et des Irénée, fut celui qu'elle choisit à la faveur de l'aversion toute politique que votre gouvernement déployait contre la personne de l'archevêque légitime, sans penser qu'il ouvrait au Pape la plus sûre voie pour réduire les évêques de France à n'être plus que des délégués du Saint-Siége. Le prélat effectif de Limoges leur donne l'exemple d'un tel acte d'abaissement. Il renonce à être l'évêque que le Saint-Esprit a établi pour régir l'Eglise fondée par saint Martial, et vient avec un titre idéal d'*In partibus* être humblement le vicaire du Pape dans la primatie des Gaules. La belle contrée d'Amasie dont il a reçu la séduisante investiture, le délicieux fleuve d'Iris, sur lequel elle est située, n'ont pas plus d'attraits pour lui que l'agreste Limousin et la triste Vienne. Les rives du Rhône et de la Saône, les établissemens jésuitiques de toute couleur qui environnent le noble prélat; et sa dépendance immédiate de Rome le charment plus que toutes les beautés de la Cappadoce. Deviennent ce qu'ils pourront ces pauvres Amasiens que son titre exigerait qu'il vînt convertir! Monseigneur ne veut sauver que les ouailles du cardinal Fesch.

VII. Dans tout ce qui s'est fait d'irrégulier et d'anticanonique en France depuis 1815, comme au travers des deux siècles qui avaient précédé la révolution, l'on ne voit que trop l'influence des *In partibus*, prélats beaucoup plus romains que français, espèces de nonces déguisés, véritables intrus qui n'ont aucun rang dans la hiérarchie de l'Église, et qui, désavoués par les règles, ont tant d'intérêt à la subversion de l'ancien ordre qui les repousse comme des abus funestes et presque scandaleux.

VIII. S'ils m'entendaient, ils crieraient certainement en chœur que je manque de respect au caractère épiscopal dont ils sont revêtus : ce que je me garderais bien de faire; car je me manquerais de respect à moi-même. Mais peut-on les considérer comme véritablement évêques ceux qui, tout sacrés qu'ils sont comme tels, n'ont ni clergé, ni église, ni troupeau, et qui même pendant l'acte de leur consécration, durent se jouer de la condition sous laquelle ils étaient consacrés? Qu'avaient-ils intention de faire ou de ne pas faire quand le consécrateur, mettant entre leurs mains le saint Évangile, leur disait : *Accipe Evangelium, et* VADE; *prædica* POPULO TIBI COMMISSO; *potens est enim Deus ut augeat tibi gratiam suam :* « Recevez l'Évangile et allez; prêchez-le » au peuple qui vous est confié; le Dieu tout-puissant » augmentera dans vous la grâce qu'il vous confère pour » votre mission? » S'ils avaient alors les premiers sentimens de la grâce de l'épiscopat, le courage ne devait plus leur manquer pour franchir tous les obstacles, braver tous les dangers, afin de remplir leur devoir épiscopal; mais s'ils n'avaient pas cette première grâce et ce commencement de courage évangélique, pourquoi se firent-ils consacrer, pourquoi acceptèrent-ils l'Évangile avec la mission de le prêcher à Tibériade, à Samosate, à Hermopolis, à Tempé, etc.?

Les peuples de ces contrées, tout infidèles ou schismatiques qu'ils sont, et à plus forte raison les chrétiens latins qui peuvent se trouver parmi eux, ont droit d'être scandalisés de ce que tant d'évêques que Rome semble avoir consacrés pour eux, n'ont pas daigné faire la moindre démarche pour remplir leur auguste destination, et leur montrer cette belle crosse latine qui n'est plus qu'un hochet, quand celui qui la porte ne s'en sert pas pour ceux à la conduite desquels elle est destinée. Durand, évêque de Mende au treizième siècle, rencontrant dans une église de Toulouse, l'effigie d'un ancien évêque des temps où la crosse n'était qu'en bois, lut sur la longueur du bâton, ce vers sententieux que vos *In partibus* auraient grand besoin de connaître :

Curva trahit quos recta regit, pars ultima pungit[1].

« Quand les ouailles que, par la tige en ligne droite,
» elle est censée diriger dans les sentiers du salut, s'en
» écartent; elle les retire avec le crochet dont elle est
» surmontée; et la pointe du bas sert à les aiguil-
» lonner. »

Ce n'est pas sans raison, M. le Comte, que j'ai signalé vos *In partibus* comme une invention abusive du moyen âge. Jamais, dans les premiers siècles, on n'avait imaginé d'ordonner des évêques titulaires sans peuple ni clergé : ce qui implique contradiction [2]. Lorsque, vers 341, le concile d'Antioche statua, par son canon huitième, qu'un évêque élu et ordonné pour une église existante, sans qu'il pût y résider à cause de quelque

[1] Liv. 2, *de Ritibus catholicæ Ecclesiæ*.

[2] Fagnan., au chapitre *Episcopalia*, § *de privilegiis*, n° 39.

empêchement externe auquel il n'aurait pas donné lieu, jouirait des honneurs et des droits de sa charge; il ne s'agissait pas d'un évêque fictif, mais d'un évêque effectif, dans un temps où les élections se faisaient par le peuple joint au clergé, et où les invasions des barbares forçaient l'évêque élu de s'éloigner de son troupeau, comme vos légitimes évêques au temps de la sanglante révolution qui ravagea la France à la fin du 18e siècle.

L'abbé Fleury s'est trompé [1], lorsqu'il a fait remonter l'origine des *In partibus* au concile *in Trullo* [2] où, en 692, on autorisa les prêtres mariés à vivre avec leurs femmes; car on n'y fit que renouveler et confirmer les dispositions du concile d'Antioche. Il y a moins d'inexactitude dans le récit du P. Thomassin, qui ne voit cet abus commencer qu'aux douzième et treizième siècles, lorsque les croisés eurent conquis la terre sainte, et s'y répandirent parmi les indigènes. Dans les villes où il y avait des églises cathédrales, leurs évêques n'entendant point la langue de ces étrangers et ne connaissant pas leurs rites, se donnèrent sous le titre de ces mêmes Églises, des sous-évêques habitués à leur langue et à leur liturgie.

D'une autre part, quand une ville épiscopale retombait entre les mains des infidèles, et que néanmoins il y restait un peuple chrétien et un clergé, sans que l'évêque pût y résider, on continua de le regarder comme tel, et même on lui donna un successeur à sa mort; mais seulement tant que les chrétiens conservèrent l'espoir de recouvrer cette ville; de telle sorte que

[1] *Histoire ecclésiastique*, liv. 40, no 51.

[2] C'est-à-dire dans le palais de l'empereur à Constantinople.

l'épiscopat s'y éteignait quand cet espoir cessait d'exister et qu'il n'y avait plus aucune apparence qu'un prince chrétien pût la conquérir et y établir sa domination [1].

Cette explication d'un auteur pensionné de la cour de Rome pourrait être suspectée, comme quelques autres qu'il a produites, d'avoir été imaginée pour justifier au moins l'origine des *In partibus*. Il y en avait eu, avant même la fin du onzième siècle, en Irlande et probablement ailleurs, car saint Anselme, archevêque de Cantorbéry, mort vers 1109, s'en était plaint très-amèrement dans une lettre au roi d'Irlande, Muriardac. « J'apprends, » lui écrivit-il, que dans votre royaume on élit et l'on » ordonne, par-ci, par-là, des évêques, sans les établir » dans aucun lieu déterminé. Un évêque ne saurait être » ordonné *selon l'esprit de Dieu* si on ne lui assigne un » diocèse fixe et un peuple auquel il puisse présider ; il » n'a pas le droit, même parmi les séculiers, de prendre » le nom et le titre de pasteur, celui qui n'a pas de » troupeau à conduire [2]? »

Rome en avait-elle donné l'exemple afin de procurer à sa cour quelque splendeur, ou ne fit-elle que s'approprier pour le même motif, après les croisades, un usage qu'elles semblaient avoir légitimé en Orient ? Je ne saurais le décider ; mais ce que je vois bien clairement, c'est que ce fut par imitation que les autres cours d'Occident, voulant que leurs officiers prêtres eussent le plus beau

[1] *De disciplinâ Ecclesiæ*, partie IV, liv. 1, chap. 7.

[2] *Dicitur episcopos in terrâ vestrâ passim eligi et sinè certo episcopatûs loco constitui ; episcopus, nisi certam parochiam et populum cui superintendat habeat, constitui secundum Deum non potest, quia nec in sæcularibus nomen vel officium pastoris habere valet, qui gregem quem pascat non habet* (L. 3, epist. 167).

titre du clergé, afin que le service du prince eût plus de magnificence, les firent décorer d'un titre d'évêques *In partibus*.

Les premiers qui ambitionnèrent cet honneur dans les provinces, furent des moines qui y trouvaient encore l'avantage de s'affranchir du joug de la vie monastique. Des prêtres séculiers qui ne manquaient pas de vanité eurent la même ambition. Cela faisait pour les uns et les autres un épiscopat fort commode : « N'ayant » la charge d'aucun diocèse, reprend Thomassin, ils » allaient selon leur caprice en divers lieux, exigeant » honteusement des rétributions pour les fonctions épis- » copales qu'ils y exerçaient, troublant dans l'exercice » de leurs fonctions les évêques des diocèses dans les- » quels ils se répandaient, et faisant ainsi tomber dans » le mépris la dignité de l'épiscopat, comme cela est » attesté par les plaintes écrites dans ces temps-là » mêmes, contre ces évêques mal-à-propos nommés *titu-* » *laires*, puisqu'ils n'ont qu'un titre nu et chimérique [1]. »

Le concile de Vienne, en 1311 et 1312, voulut remédier à ce désordre, en défendant de consacrer de ces évêques qu'il appelait *vagabonds*. Le concile de Ravenne, en 1314, ne permit pas que ceux qui existaient, exerçassent les fonctions d'évêques. N'étant plus considérés que comme de simples prêtres dépendans des

[1] *Qui nullum populum cui præessent habentes, per diversa loca discurrentes, et è functionibus episcopalibus turpem quæstum quærentes, episcopalem dignitatem in vilipendium vertebant, uti ex querelis illorum temporum contrà hos titulares episcopos intelligitur.... Qui sic intitulantur non ut ibidem munia et functiones ordinis episcopalis obeant, sed ut* NUDUM *Ecclesiæ ad quam ordinantur, nomen mutuant* (De Discipl. eccles., part. IV, liv. 1, chap. 7).

ordinaires, ils remirent alors dans le fourreau leurs crosses et leurs mitres.

Mais, comme, dans une de ces *Clémentines* que le pape Clément V se garda bien de communiquer au concile de Vienne, ou qu'il fit après le concile, il se réservait le droit de créer lui seul de ces évêques de parade pour le luxe de la cour romaine, l'abus ressuscita au commencement du quinzième siècle et se propagea au loin. On voit, par le concile de Salzbourg en 1420, que des moines mendians se faisaient conférer de ces épiscopats au hasard et sans gêne, et que le concile fit ce qu'il put pour les éteindre. Mais ses canons à cet égard furent éludés par le crédit de plusieurs nobilissimes évêques effectifs qui, se souciant fort peu de résider dans leurs diocèses, et trouvant l'impunité de cette violation de leur premier devoir dans les cours qu'ils aimaient à fréquenter, eurent besoin de ces évêques sans place et sans emploi, pour faire à leur décharge moyennant un modique salaire, le service épiscopal de leurs églises : en quoi, ils ne ressemblaient pas mal à ces chanoines de votre sainte chapelle royale qui, *gras et vermeils*, laissaient *à des chantres gagés le soin de louer Dieu*.

Ces évêques de service, ceux-là même qui étaient sortis du cloître, voyant l'importance que les princes mettaient à n'avoir dans leur palais que des prêtres épiscopalisés d'une manière quelconque; réussirent d'autant plus aisément à s'y introduire, qu'ils n'étaient retenus par les liens d'aucun diocèse. Ainsi vit-on, parmi les courtisans ecclésiastiques de haute naissance, de simples clercs du palais, dépourvus absolument de ce genre d'illustration, mais ayant les insignes de l'épiscopat, y être monseigneurisés comme les premiers. Ce n'est pas moi qui le dis; mais le glossateur des *Clémentines* et le canoniste Barbosa [1].

Vainement au concile de Trente, plusieurs vénérables prélats réclamèrent contre l'introduction monstrueuse des *In partibus*, et en demandèrent l'abolition totale, disant « que c'étaient des évêques vraiment vagabonds, » puisqu'ils n'avaient ni clergé à présider, ni peuple » chrétien à conduire [2]. » Par l'effet de la résistance que les jésuites Lainez et Salmeron, d'accord avec les prélats de la cour romaine, firent, pour empêcher que la réforme de l'Eglise eût lieu dans son chef comme dans ses membres, dans la cour romaine comme ailleurs [3], le

[1] Partie I, tit. 13, chap. 2, n° 4.

[2] *Et quoniam nonnulli episcopi ecclesiarum quæ in partibus infidelium consistant, clero carentes et populo christiano, cùm verè* VAGABUNDI *sint*... (Concil. trid., sess. XIV, chap. 2.)

[3] Les députés, prélats et docteurs de France, envoyés au concile, s'y distinguèrent par l'importance qu'ils mirent à ce que la réforme se fît *tàm in capite quàm in membris*. Vous avez un beau monument de ce zèle tout évangélique dans les deux lettres de votre docteur Gentien Hervet, sur la résidence des évêques, l'une au P. Salmeron, qui s'opposait avec plusieurs d'entre eux à ce que le concile déclarât que cette résidence était *de droit divin*, comme l'avait reconnu et professé le cardinal Cajétan; l'autre au cardinal Hosius, évêque de Warmie en Pologne, légat du Pape au concile, et très-ami des jésuites, auquel le P. Salmeron avait dénoncé la première lettre. Hervet se récriant fortement sur ce que les évêques, dès qu'ils étaient cardinaux, abandonnaient leurs diocèses pour aller concourir à la splendeur et au luxe de la cour de Rome, ne craignait pas de dire au P. Salmeron : « Ces évêques qui, » avec vous, ne veulent pas qu'on ajoute les mots *juris divini* au dé» cret sur la résidence, feignent en cela de défendre l'intégrité de l'au» torité du souverain pontife, par qui ils se font appeler à Rome; mais » dans la réalité ils ne plaident que pour leur ambition et leur licence. Y » aurait-il rien qui contribuât plus à conserver, à augmenter même l'au» torité du souverain pontife, que de voir tous ceux à qui sont confiées

décret accordé à des plaintes si respectables, fut tel que, loin de détruire l'abus, il le consacra. Le lendemain du 25 novembre 1551, où il avait été rendu à la pluralité des suffrages, le savant et pieux François de Vargas, jurisconsulte espagnol, qui, ambassadeur de Charles-Quint au concile, y insistait, au nom de cet empereur, pour que la réforme n'épargnât pas la cour romaine, écrivait de Trente avec douleur au cardinal de Granvelle, évêque d'Arras : « Les subtilités qu'on a mises dans » les décrets (de réformation) sont la semence d'une » infinité de procès, et elles maintiendront les abus. » Telle est la confirmation des évêques titulaires *in par-* » *tibus infidelium* qu'on devrait abolir, parce que leur

» des charges d'ames, les remplir du mieux qu'il leur est possible? . . . » Les jésuites, dès l'origine de leur société, ont pris à tâche de flatter » les vices de la cour romaine ; et je vous interpelle, Alphonse Salme-» ron et Jacques Lainez, pour que vous me disiez quel motif vous porte » à défendre une opinion qui conduit ces évêques à leur perte? Si vous » êtes sincèrement les compagnons de Jésus, si vous cherchez vérita-» blement à procurer sa plus grande gloire, comme vous vous en van-» tez, dites-moi s'il y a rien qui y contribue plus que de voir s'ac-» quitter personnellement de tous ses devoirs chacun de ceux à qui le » Saint-Esprit a confié la conduite d'une église. Vous ne cherchez pas » la gloire de Dieu, si vous empêchez que ses ministres le servent » comme ils le doivent. Cessez de dire que vous défendez l'autorité du » vicaire de Jésus-Christ, lorsque vous tendez à dégager de tout ce » qu'exige d'eux le culte de Jésus-Christ, ceux qui y sont voués d'une » manière si absolue. Prétendez-vous que l'autorité du vicaire soit plus » grande que celle du maître dont il remplit les fonctions? Or Jésus-» Christ exige que les évêques offrent le saint sacrifice au milieu de leur » peuple, et qu'ils le soutiennent dans la voie du ciel par leurs discours » et par leur exemple. Que si le vicaire les en détourne, et veut que ces » évêques dirigent vers lui-même l'honneur qu'ils doivent rendre au » Seigneur, afin d'être environné d'une brillante et nombreuse cour » de prélats, ne semblera-t-il pas être plutôt le Seigneur que son vicaire? » etc., etc. »

» ordination est contraire au droit canonique, parce » qu'ils causent de fort grands maux dans l'Eglise, et » qu'ils sont à la lettre ce qu'étaient les anciens chor-» évêques supprimés par le pape Damase [1] ».

Les saints prélats dont Vargas partageait les sentimens, profitèrent ensuite des discussions dans lesquelles on traita du sacrement de l'ordre, pour revenir sur la question des *In partibus* qu'ils appelaient un grand scandale; et parmi ces prélats réclamans on entendit l'archevêque de Grenade les réprouver fortement comme un abus, que la primitive Eglise n'aurait pas souffert [2]. Le P. Barthélemy Carranza, dans le traité *sur la Résidence des évêques*, qu'il composa pendant qu'il était au concile de Trente, où il avait prononcé un sermon très-éloquent, le premier dimanche de carême, 1546, n'hésitait pas à dire que les *In partibus* « étaient dans l'église des » monstres par qui elle était désolée, » *monstra à quibus vexatur Ecclesia* [3]. Gerson, grand chancelier de l'université de Paris, avait déjà dit « qu'il était inutile et » *monstrueux* de créer de pareils évêques dans l'Eglise, » parce que c'était ridiculement conférer un pouvoir de » juridiction à qui ne pouvait que rester dans l'impuis-» sance d'en faire usage [4]. » On a vu que saint Anselme

[1] Voyez à la page 238 des *Lettres et Mémoires de François de Vargas, de Pierre de Malvenda, et de quelques évêques d'Espagne, touchant le concile de Trente, traduits de l'espagnol*. Vol. in-8°, 1699.

[2] Le cardinal jésuite Palavicin : *Histor. concil. trid.*, l. 26, cap. 16, n° 12.

[3] Page 14 du susdit Traité.

[4] *Quòd hoc fieri non conveniat, quia vanum et monstruosum videtur in Ecclesiâ, quoniam frustrà est potestas cui non subest operatio.* (De statu Prælati : consideratio 8.)

ne les regardait pas comme ordonnés *selon l'esprit de Dieu*[1].

Quand on connaît le dévouement absolu que la *société* dite *de Jésus*, nouvellement instituée, montra, dans le concile, par les PP. Lainez et Salmeron, à tous les intérêts de la cour de Rome; et quand, réfléchissant sur le tour complaisant des décrets relatifs aux *In partibus*, l'on sait que ces espèces d'évêques se multiplièrent en raison de l'ascendant que prenaient les jésuites, on n'est plus surpris de voir ceux-ci protéger les *In partibus*, et les *In partibus* penser, parler et agir en jésuites.

IX. Vous avez, M. le Comte, trop de loyauté et de perspicacité pour attribuer ma petite digression sur l'irrégularité de ces évêques ordonnés en sens inverse de *l'esprit de Dieu*, à la haine de leurs personnes que je ne connais que par les éloges redoublés qu'en font vos journaux. J'y crois docilement sans m'inquiéter de savoir si les uns ne louent point par intérêt ou sous la dictée de ces personnages, et les autres par une suite naturelle de l'extrême urbanité qui caractérise la nation française. Je n'ai fait, après tout, qu'opposer à l'institution bâtarde des *In partibus*, le langage des conciles, l'autorité de ce qu'il y eut parmi les évêques et les docteurs, de plus sincèrement zélé pour le rétablissement de l'ordre dans l'Eglise. Quand même je demanderais qu'on infligeât aux supérieurs, qui n'ont pas empêché leurs subordonnés de s'élancer vers cet épiscopat sans objet, la rigoureuse punition à laquelle les condamna le concile de Vienne, en exigeant même qu'elle se fît à genoux et qu'elle durât plusieurs mois, plusieurs années; il ne s'ensuivrait pas

[1] Voyez ci-devant page 15.

que je voulusse ternir l'éclat des vertus et des talens que vos écrits périodiques nous commandent d'admirer dans vos *In partibus.* Je les vénère avec toute la soumission possible comme les hommes les plus éminens en sainteté, en savoir, en éloquence; et l'ambition que je me permettrais de leur supposer n'altérerait point ma profonde estime pour eux, parce que j'aime à croire qu'ils n'ont aspiré à l'épiscopat qu'en interprétant saintement la maxime de saint Paul : *Qui episcopatum desiderat, bonum opus desiderat.* Eussent-ils, dans le port, dans le maintien, dans le geste et le langage, cet air de domination qui, chez les profanes, serait un signe d'*apocotia*, je n'y verrais qu'un motif de croire que, se regardant comme d'augustes représentans des apôtres, ils sentent mieux que ceux-ci ne le sentirent, la glorieuse destinée que les prophéties leur avaient promise, celle d'être les princes de la terre [1], de soumettre tous les peuples, et de mettre les nations sous leurs pieds [2], d'être un spectacle d'admiration pour le monde et même pour les anges comme pour les hommes [3]. Si quelque malveillant de nos parages avait l'idée de trouver présomptueux le ton d'infaillibilité qu'ils ont dans leurs discours, s'il m'arrivait à moi-même de le penser, je réprimerais aussitôt cette témérité en observant qu'ils ne peuvent qu'être inspirés du ciel, car selon la prédiction de l'Écriture Sainte, ils ne prononcent pas une phrase que la plupart des oreilles ne la recueillent avec avidité; et leur

[1] *Principes super omnem terram* (Ps. 44, v. 18).

[2] *Subjecit populos nobis, et gentes sub pedibus nostris* (Ps. 46, v. 3).

[3] *Spectaculum facti sumus mundo, et angelis, et hominibus* (1 ad Corint., ch. 4).

voix, plus encore que celle des apôtres, retentit jusqu'aux extrémités de la terre [1].

Après cet hommage que je rends à leurs personnes, l'on ne me soupçonnera pas, j'espère, d'en être l'ennemi, comme je le suis du hors-d'œuvre qu'ils forment dans l'Église, si je me permets encore, pour l'intérêt de la vérité, de relever, mais seulement comme des maladies de la pauvre humanité, ce qu'il y a d'erronné, de bizarre, de faux et d'inconséquent dans ceux de leurs actes et de leurs écrits, qui sont parvenus à notre connaissance.

Vous pourriez exiger, M. le Comte, que je commençasse par la réfutation qu'a faite de votre excellent *Mémoire*, dans une espèce d'épître à votre adresse, l'un des plus nouveaux *In partibus* français, celui qui signe avec la seule initiale du mot tudesque *Welle*, dont le correspondant en français donnerait son vrai nom. Mais, comme je suis de tous les évêques grecs celui à qui le titre qu'il porte doit naturellement déplaire davantage, on pourrait croire qu'il me tarde de lui faire une querelle quelconque; mon honneur exige que j'évite scrupuleusement ce qui pourrait laisser naître un soupçon aussi injuste. Le choix qu'à raison de son titre usurpé, mes confrères ont fait de ma plume pour vous transmettre nos observations communes, parmi lesquelles M. Welle aura son lot, est pour moi un second motif de ne parler de son épître qu'après que j'aurai lassé dans moi l'esprit de critique sur les démentis soit directs, soit indirects, que d'autres *In partibus* ont cru donner à votre Mémoire.

[1] *Non sunt loquelæ neque sermones quorum non audiantur voces eorum ; in omnem terram exivit sonus eorum, et in fines orbis terræ verba eorum* (Ps. 18, v 4).

X. Il mérite le premier rang, celui qui, arbitre des grâces royales, étoile polaire de l'épiscopat français, bien que son diocèse soit en Égypte; qui, grand-maître de tous les maîtres enseignans, inspectans et dirigeans de l'université naguère impériale, a fait déposer solennellement, le 10 avril dernier, entre les mains du Roi, par le ci-devant évêque de la succursale de Lacédémone, une déclaration, imaginée pour prévenir et dévoyer les alarmes que pouvait causer au monarque l'ultramontanisme de son clergé, si bien dévoilé par vous, M. le Comte. Pour accroître l'illusion de cette déclaration, le seigneur d'Hermopolis [1] l'a fait signer par un grand nombre d'évêques de France; et ceux-là même qui, jésuites décidés, professent l'ultramontanisme le plus outré, n'ont fait aucune difficulté d'y apposer leur signature. Il n'en faudrait pas davantage pour nous révéler qu'elle tend à oblitérer la célèbre déclaration de 1682, dont au surplus ledit seigneur s'est bien gardé d'y faire aucune mention. Pourquoi ne pas la reproduire en y ajoutant les signatures des évêques actuels, si l'on ne voulait pas que la nouvelle en consommât l'abrogation, et lui fût contraire en plusieurs points? Ils y ont dit à la vérité : « Nous » demeurons inviolablement attachés à la doctrine de » nos prédécesseurs dans l'épiscopat telle qu'ils nous » l'ont transmise; » mais à quoi l'ont-ils réduite? Au seul point qui pouvait séduire le monarque; à ce qui concerne

[1] J'ai laissé subsister cette locution de l'évêque grec, afin de conserver à sa lettre un des caractères qui en montrent davantage l'authenticité. Le prélat n'étant ni sujet, ni diocésain d'Hermopolis, ignorant d'ailleurs les petits néologismes à la mode chez nous, est bien excusable de n'avoir pas employé en pareil cas ce *Mon* de vasselage que prodiguent la politesse ou l'adulation françaises.

« les droits des souverains, leur indépendance pleine et » absolue, dans l'ordre temporel, de l'autorité soit di- » recte, soit indirecte de toute puissance ecclésiasti- » que » ; et le ci-devant *In partibus* de Samosate, dans une lettre au Roi, écrite le 6 avril, où il professait, en son nom et en celui du clergé de la métropole de Paris, la seule maxime de l'indépendance des couronnes, avait déclaré qu'elle n'était pour lui comme pour eux qu'une simple *opinion*, à laquelle sans doute il croyait qu'on pouvait en opposer une contraire également probable. Ainsi donc, en adoptant seulement ce qui fait l'objet du premier des quatre articles de la déclaration de 1682, mais sans vouloir qu'on s'en souvienne, on écarte les trois autres, rédigés comme celui-là par le grand Bossuet, et fondés par lui sur les mêmes autorités sacrées qui servirent de base au premier. Conçoit-on que S. E. l'*In partibus* ministre-secrétaire d'État, en dirigeant cette manœuvre, ait reproduit cet écrit qu'il fit en 1817, et dans lequel il vient redire dédaigneusement que ces quatre articles ne contiennent que des opinions locales et particulières à la France; dans lequel tout en énervant, en minant, en dénaturant les libertés de l'Eglise gallicane, il assure avec une confiance altière, « qu'il les expose telles » qu'elles ont été enseignées par Bossuet et l'épiscopat » français [1] ? »

XI. Sans que nous les regardions précisément comme des articles de foi, nous avons droit encore d'être surpris que le seigneur d'Hermopolis ajoute d'un air si tranchant : « Ceux qui se permettraient d'avancer que la

[1] *Vrais Principes de l'Église gallicane*, par M. D. Frayssinous, évêque d'Hermopolis, premier aumonier du Roi Édition de 1826, à la page 55.

» supériorité du concile général sur le Pape (et consé-
» quemment sa non-infaillibilité) appartient à la foi,
» *tomberaient dans un excès peu digne d'un théolo-*
» *gien*[1]. » Ce qui nous étonne dans cette sentence n'est pas le ton dogmatique avec lequel elle est prononcée, car dès son épigraphe, et encore dans son magistral *Avertissement*, S. E. l'*In partibus*-ministre a dit à tous ses lecteurs qu'ils ne sont que des ignorans, et qu'ils doivent le tenir pour le plus savant des docteurs : *Indocti discant et ament meminisse periti*; ce qui nous étonne, dis-je, c'est la contradiction qui se trouve entre l'aveu qu'il fait un peu plus loin, « que Bossuet est le plus grand théologien qu'ait eu la France[2] », et la note d'ignorant en théologie qu'il vient d'infliger, sans y penser, à ce Bossuet-là même par qui les quatre articles de 1682 ont été présentés comme *appartenant à la foi*. En cela pourtant Bossuet était d'accord avec l'illustre chancelier de l'université de Paris, dans un temps où toute l'Europe lui décernait le titre d'*Alma*; avec le docte Gerson, qui, rédigeant les décrets du concile de Constance sur la supériorité du concile respectivement au Pape, taxait d'hérésie l'opinion contraire à ces décrets. Gerson et Bossuet seraient-ils tombés dans *un excès peu digne d'un théologien?* ou M. le Grand-Maître de l'instruction publique ignorerait-il ce que Gerson et Bossuet ont écrit sur cette matière?

Si les occupations que comporte votre rang dans le monde, M. le Comte, ne vous ont pas laissé le loisir de lire le chapitre XIX du livre VI de la seconde partie du

[1] *Ibid*, page 82.

[2] *Ibid.*, page 101

plus savant peut-être des ouvrages de Bossuet, sa *Defensio declarationis cleri gallicani*, vous serez bien aise de connaître aujourd'hui le soin avec lequel il y fait observer que la formule dans laquelle ces décrets du concile de Constance furent rendus, ne permet pas de douter qu'ils n'appartiennent au *droit divin*, les Pères s'étant exprimés en ces termes : *Le saint Synode de Constance formant un concile général, légitimement assemblé dans le Saint-Esprit, ordonne, définit, décrète et déclare ce qui suit.*

« C'est une bien frivole objection, remarque Bossuet, » de dire que le concile n'ayant pas prononcé *anathême* » contre ceux qui soutiendraient le contraire de ces dé- » crets, n'a pas entendu en faire des articles de foi. Les » apôtres dans le concile de Jérusalem, qui fut le pre- » mier et le modèle de tous les autres, ne jugèrent pas » nécessaire cette formule d'anathême ; ils se contentè- » rent de dire : *Visum est Spiritui Sancto et nobis* (il a » paru au Saint-Esprit et à nous) ; concluant ensuite par » cette phrase : *A quibus custodientes, vos bene agetis* » (en vous abstenant de ces choses, vous agirez confor- » mément à la foi). Si vous ne considérez pas comme » étant de foi les décrets de Constance, il vous faut né- » cessairement regarder comme nul ce que le concile fit » ensuite avec tant de bonheur pour l'Église, en met- » tant fin au schisme des trois papes ; il vous faut croire » que les hérésies de Wiclef et autres, que le concile » condamna sous la même formule, n'offensaient point » la foi ; qu'enfin on peut les professer encore comme » des opinions libres.

» Mais après tout, si le concile de Constance n'a pas » prononcé le mot *anathême*, il a fait l'équivalent et

» peut-être plus, en faveur de ses décrets, puisqu'il a
» prononcé une très-grave punition contre ceux par
» lesquels ils pouvaient être enfreints, en décidant que
» même le Pape, s'il les méprisait et persévérait à ne
» vouloir pas leur obéir, serait soumis à une pénitence
» proportionnée à la durée de sa désobéissance, et même
» condamné à d'autres peines de droit, s'il forçait d'y
» avoir recours, à raison d'une résistance plus opiniâtre.
» Combien plus, ajoute Bossuet, devraient être punis
» ceux qui, méprisant les décrets du concile, favorise-
» raient une telle désobéissance et lui prêteraient se-
» cours? Si le clergé de France, dans sa déclaration
» de 1682, n'a pas infligé de note d'anathème à ceux
» qui blâment ces décrets, ou soutiennent le contraire
» de ce qu'ils ont décidé; si même il a poussé la modé-
» ration jusqu'à s'abstenir de censurer ces téméraires,
» c'est que, regardant la répression de ce crime comme
» de la plus haute importance, il a cru que sa condam-
» nation pour être plus solennelle devait être réservée
» au jugement de l'Église catholique, assemblée en con-
» cile général. Puisque le concile de Trente, dans sa
» session VI, a frappé d'anathème ceux qui seulement
» méprisaient le choix que le concile de Vienne avait
» fait d'une opinion qui lui semblait plus probable que
» d'autres sur la même matière; les contempteurs des
» décrets du concile de Constance, doivent prévoir les
» peines qui leur seraient infligées s'ils rejetaient la
» pleine et absolue définition d'une assemblée aussi res-
» pectable. »

On comprendrait cela dans la ville même de Mercure Trismégiste, mais son évêque ne veut pas qu'on le comprenne en France, où il se proclame lui-même indirectement plus docte théologien que Bossuet, Gerson, Pierre d'Ailly, plus que toutes les grandes lumières, non-seulement du concile de Constance, mais encore du concile de Bâle dans lequel, dès la seconde session, les Pères, en rappelant les décrets de Constance, les déclarèrent solennellement *Vérités de la foi catholique*, et décrétèrent ensuite « qu'il faudrait regarder comme hérétique qui- » conque y résisterait opiniâtrément. »

Même au concile de Florence, où l'on mit tant d'adresse pour entraîner les Grecs dans l'ornière de l'ultramontanisme, le pape Eugène IV n'osa pas s'élever contre la décrétale que publiait, sous les yeux du concile et avec son approbation, notre compatriote Moïse qu'on y regardait comme un *homme de Dieu* [1]; et cette décrétale disait en propres termes : « Les trois Vérités du concile de » Bâle sont, 1° que la puissance du concile général est » supérieure à celle du Pape : ce qui est une vérité de » foi catholique ; 2° que le Pape ne peut aucunement, » par sa propre autorité, dissoudre un concile, ni le » proroger à un autre temps, ni le transférer d'un lieu » dans un autre, sans le consentement du concile : ce » qui est encore une vérité de foi catholique ; 3° que » celui qui résisterait obstinément aux deux précédentes » vérités, devrait être réputé hérétique [2] ».

XII. Quoique le seigneur d'Hermopolis n'ait pas dit expressément que la déclaration de 1682, est elle-même « un excès peu digne de théologiens, » on voit qu'il le pense, quand il la torture et l'exténue sous pré-

[1] *Defensio declarationis*. Pars 2, liv. 5, ch. 6, et liv. 6, ch. 9.

[2] Tome XII, page 619 de la Collection des conciles, et tome XIII, pages 1188, 1189, session trente-troisième du concile de Bâle.

texte de l'expliquer en préconisant par opposition celle de la Sorbonne, où, pour parler plus exactement, de la faculté de théologie de Paris en 1663, parce que la faculté s'y restreignit à nier en six articles, qu'elle professât les maximes de l'ultramontanisme. M. Frayssinous, à l'exemple de feu M. Emery, son maître et son guide [1], part de-là pour infirmer la déclaration de 1682. Mais l'un et l'autre se sont bien gardés de dire qu'au moins depuis 1645, l'ultramontanisme avait fait d'immenses conquêtes dans la faculté ; qu'elle n'avait eu pour syndics que des ultramontains désignés par les jésuites ; que, depuis la retraite forcée de soixante-quatorze docteurs des plus instruits en 1656, la majeure partie des soixante seize dont elle restait composée, étaient, les uns des élèves des jésuites, des ultramontains décidés, et les autres en petit nombre demeuraient subjugués par la crainte ; que l'ultramontanisme débordait de toutes parts, et par la thèse que le P. Coret faisait soutenir publiquement dans le collége des jésuites, et par celle qu'affichait, pour être soutenue dans la faculté même, avec l'approbation du syndic Grandin, un effronté Breton, l'abbé Drouet de Villeneuve.

Ce fut parce que le Parlement scandalisé y fit une opposition accompagnée de menaces, que la faculté, effrayée et sentant le besoin de conjurer l'orage, mais trop entravée par l'ultramontanisme pour aller au-delà d'une timide excuse, déclara jésuitiquement « que *ce n'é-*
» *tait point sa doctrine* que le Pape eût aucune autorité sur
» le temporel du Roi ; que *ce n'était point sa doctrine* que
» le Pape fût au-dessus du concile œcuménique ; que *ce*

[1] *Additions et corrections aux opuscules de M. l'abbé Fleury.*

» *n'était point sa doctrine* que le Pape fût infaillible, » lorsque n'intervenait aucun consentement de l'É» glise. » L'ultramontanisme était si fort dans la faculté, que le Parlement et le Roi, craignant de s'exposer à une résistance d'éclat s'ils en exigeaient davantage, cherchèrent à faire regarder comme positive, cette déclaration évasive, ainsi qu'on le voit dans le plaidoyer de l'avocat-général Denis Talon et dans l'édit du Roi à ce sujet. Eh! comment aurait-on pu faire dire à la pluralité des docteurs qu'ils professaient la doctrine contraire, lorsqu'on les voyait s'opposer à ce que la thèse du jésuite Coret, dénoncée à la faculté, fût censurée par elle, et regarder, avec le silence de la complaisance, un livre exorbitamment ultramontain, publié depuis 1658 sous le nom pseudonyme de Jacques Vernant [1]. La manifestation de ces particularités suffit pour ruiner absolument les sophismes de vos Sulpiciens.

XIII. Mais, si les articles plus francs de 1682 ne sont que des opinions, comme le veulent vos nouveaux théologiens, M. le Comte, il est impossible qu'avec leur penchant à l'ultramontanisme, ils y soient attachés sincèrement. Ce ne peut être qu'afin d'empêcher qu'on ne suspecte la sincérité de l'attachement qu'ils montrent pour la vérité contenue dans le premier de ces articles, laquelle est la seule qu'ils professent; c'est pour cela, dis-je, qu'ils affectent de dire que « la doctrine contraire

[1] Il avait pour titre : *La défense de notre Saint-Père le Pape et de messeigneurs les cardinaux, etc., etc., contre les erreurs de ce temps.* La faculté finit cependant par censurer ce livre ; mais ce ne fut qu'en mai 1664, après que, les quatre années du syndicat de Grandin étant expirées, le docteur Antoine de Bréda lui eut été donné pour successeur en cette charge

» est surannée à Rome; qu'on ne l'y a pas mise en pra- » tique depuis deux cents ans, etc. [1] » : ce qui ne suffirait pas pour nous tranquilliser, parce que nous ne pourrions l'être que par une abjuration solennelle de cette doctrine du moyen âge. Mais Rome, à qui ces nouveaux théologiens sont, pour cause, entièrement dévoués, continue à regarder la doctrine contraire aux maximes gallicanes comme une doctrine de foi. La théologie de Bellarmin, de Baronius, de Lessius, de Suarez, etc., y est toujours en grande autorité ; or Bellarmin n'affirme-t-il pas « qu'il est de foi que le Pape a le pou- » voir de déposer les princes, attendu que Grégoire VII » l'a ainsi décidé dans un concile romain [2]. » Baronius, parlant de ce concile tenu en 1067, ne regarde-t-il pas aussi cette décision comme un article de foi [3]? Lessius n'assure-t-il pas « qu'elle n'est point une doctrine pro- » blématique, mais une vérité constante qu'on ne peut » nier sans blesser la foi [4]? » Suarez, que les jésuites appellent leur saint Augustin, n'enseigne-t-il pas que « cette doctrine fait partie des dogmes de la foi? » Et, en ajoutant « que le Pape peut autoriser quelqu'un à tuer » les rois infidèles qu'il a déposés, » ne se donne-t-il pas lui-même pour garant « que tous les jésuites sont, » avec Bellarmin, de la même croyance à cet égard [5]? » Voyez encore, dans les nouvelles éditions que Rome a faites de son *Index*, la confirmation des censures qu'elle

[1] *Vrais principes de l'Église gallicane*, pages 72 et 73.

[2] *Salmonius adversus Widringtonem.*

[3] *Annales eccles. ad annum* 1067.

[4] *Apologia pro potestate summi Pontificis*, pars 2, sect. 3, fol. 396.

[5] *Defensio fidei catholicæ.* Lib. 6, cap. 8, n. 8, et cap. 11, n. 5.

porta en 1665 contre la condamnation dont la faculté de théologie de Paris venait de frapper le livre du soi-disant Jacques de Vernant. Lisez le compte rendu à Pie VI, en 1799, par les commissaires qu'il avait nommés pour examiner le synode de Pistoie et dont le secrétaire rédacteur était M. Michel de Pietro, fait ensuite par ce Pape, évêque *in partibus* d'Isaure, et par Pie VII, cardinal en 1802; vous verrez ces commissaires affirmer, « comme une vérité constante et non contredite, que les » papes ont une puissance indirecte sur le temporel des » rois et que la doctrine des quatre articles du clergé » de France est fausse, téméraire et injurieuse au saint » siége[1]. » Lisez cette bulle *Autorem fidei* de 1794, rédigée d'après ce faux principe par le cardinal Gerdil, et que tous vos journaux jésuitiques recommandent comme une règle de foi. Voyez, dans les archives pontificales, les instructions secrètes qu'en 1805, Pie VII donnait à son nonce de Vienne, pour que, respectivement aux princes protestans d'Allemagne, il ne consentît à rien de ce qui pourrait blesser le droit que le Pape prétend avoir de déposer les princes hérétiques, et lui rappelant comme un principe dont il ne devait pas s'éloigner : « Que les sujets » d'un prince manifestement hérétique restent absous » de tout hommage, de toute fidélité et de toute obéis» sance à son égard. » Lisez ce discours que le prélat Marchetti, archevêque *in partibus* d'Ancyre, prononça triomphalement devant le Pape et sa cour à Gênes, le 29 juin 1815, lors de leur heureux retour à Rome. Ce discours est imprimé; et l'on y voit l'orateur, déclarer au

[1] *Promemorie del Segretario per illustrazione dell' esame del Sinodo di Pistoja, approvati dai Vescovi e Theologi deputati. Roma* in-4° de 74 pages.

grand contentement du pontife, que la doctrine de vos quatre articles, par conséquent celle de l'indépendance des *rois*, « *est une nouveauté profane et anti-évangélique*. »

XIV. A qui donc parle encore le seigneur d'Hermopolis, lorsque, pour écarter les objections par lesquelles pouvait être combattue son assertion que « depuis » deux cents ans, Rome n'a pas mis en pratique les » maximes de Grégoire VII, d'Urbain VIII, de Pie V, » de Grégoire XIII, etc.; » il affirme avec tant d'assurance, « que le bref de Clément XIII du 30 janvier » 1768, pour annuler des édits du duc de Parme, ne fit » que réprimer d'*injustes* usurpations sur le pouvoir de » l'Église, et n'alla pas jusqu'à délier les sujets du duc » de leur serment de fidélité; que Pie VII dans sa bulle » d'excommunication du 10 juin 1809, contre Bonaparte et ses agens, dit qu'il *n'entendait rien prononcer* » contre la puissance temporelle et la soumission des » peuples; qu'enfin ce pape, dans ses démêlés postérieurs avec lui en 1811, déclara que son *intention* » n'était pas de rien faire de contraire à sa puissance, et » qu'il était disposé à laisser les choses *in statu quo* [1]? »

Pour commencer ma réponse par ce qui concerne Bonaparte, je remarquerai que, du récit même de M. Frayssinous, il résulte que le Pape, voyant combien il eût été inutile et même dangereux pour lui de rien prononcer contre la puissance temporelle de Bonaparte, et de tenter aucune entreprise par laquelle il aurait essayé de défaire ce qu'il avait fait lui-même en 1801 et 1804, s'en réservait évidemment le droit. Mais il y a quelque chose de plus formel, c'est que Pie VII ne négligea aucune occasion de

[1] *Vrais principes de l'Église gallicane*, pages 73 et 74.

faire valoir en France, autant qu'il le pouvait, sous l'empire de Bonaparte, les droits exorbitans que la bulle *In cœnâ Domini* attribuait au Saint-Siége. Le cardinal Cambacérès, archevêque de Rouen, lui ayant demandé certains pouvoirs de la juste compétence du Pape, Pie VII, en les lui accordant par un bref du 17 août 1808, y ajouta, sans que cela lui eût été demandé, le pouvoir d'absoudre des cas réservés encourus par cette bulle, si connue pour être la plus attentatoire à la puissance de l'autorité civile. Ce même Pape n'exprima-t-il pas, l'année suivante, d'une manière assez formelle, son prétendu droit de dépouiller les souverains, lorsque dans sa bulle d'excommunication contre Bonaparte et ses agens, il disait d'un ton menaçant : « Que nos persécuteurs » apprennent donc une fois que la loi de Jésus-Christ » les a soumis à notre autorité et à notre *trône*; car nous » aussi *nous portons le sceptre*, et nous pouvons dire » que notre puissance est bien supérieure à la leur..... « Jadis tant de souverains pontifes ont été forcés, parce » que la cause de l'Église l'exigeait, d'en venir à de pa- » reilles extrémités contre les princes et contre les rois » rebelles.... »

Il serait étrange que le seigneur d'Hermopolis qui connaît tellement les mots échappés à Bonaparte dans son intérieur qu'on le prendrait pour un de ses familiers [1], n'eût pas connu le bref du 17 août 1808 et le passage cité de la bulle du 10 juin 1809.

[1] M. d'Hermopolis assurait à la Chambre des députés, le 26 mai dernier, que Bonaparte disait à ses familiers : *Je suis à cheval sur les quatre articles*, et, à propos des jésuites introduits clandestinement en France. *Laissez-les aller en avant; la suite montrera de quelle utilité ils peuvent nous être.*

Quant à ce qui regarde le duc de Parme, il paraît que M. Frayssinous n'a jamais lu, ou croit qu'on ne peut pas lire le bref du 30 janvier 1768 et le réquisitoire des gens du Roi au parlement de Paris à ce sujet. Vous savez sans doute, M. le Comte, aussi bien que moi, que dans ce bref qui paraît si juste et si modéré au seigneur d'Hermopolis, Clément XIII contestait au prince souverain tout ce qui appartient à l'exercice de la puissance temporelle, le droit de régler les dispositions que des donateurs pouvaient faire en faveur des gens de main-morte, et celles des personnes qui voulaient se faire moines ou religieuses; qu'il présentait les immunités des biens ecclésiastiques comme des avantages qui appartiennent à l'Église de droit divin, indépendamment de toute concession des princes. Vous savez encore, M. le Comte, que le Pape « cassait, annulait, abolissait, par la plé-» nitude de sa puissance, tout ce que le prince de Parme » avait ordonné; et qu'il *faisait défenses à ses sujets de lui » obéir*, sous peine d'encourir les censures fulminées » par la bulle IN COENA DOMINI[1]. » Dans ce bref, Clément XIII allait jusqu'à considérer les sujets du duc de Parme et de Plaisance, conséquemment aussi les sujets des autres monarques, comme ses propres sujets, car ce pape finissait par statuer qu'il devait suffire que le bref

[1] L'avocat du roi termina son plaidoyer par les réflexions suivantes : « Quelle intrigue sourde agite des esprits inquiets, attachés ou dévoués » à la politique de la cour romaine et à celle d'une société qui a terni et » même flétri tout l'éclat de cette cour? Elle est déchue de sa splen-» deur ancienne, cette société coupable; elle est bannie de plusieurs » royaumes; elle est prête à rentrer dans le néant; elle n'ose attaquer » les souverains puissans des trois États où elle n'existe plus (l'Espagne, » le Portugal et la France); elle attaque un prince également cher à ces » souverains. Elle voudra peut-être engager la cour de Rome à prétexter

eût été publié à Rome seulement, pour qu'il fût censé leur avoir été signifié individuellement. Est-ce de-là que M. Frayssinous est parti pour répéter avec enthousiasme ce vers d'un poete qui, mort à l'hôpital des fous, disait de Rome que, *veuve d'un peuple roi*, elle n'en était pas moins *encore la reine du monde* [1].

Cela ne se trouva pas vrai, car toutes les puissances catholiques de l'Europe, l'Espagne, Naples, l'Autriche, comme la France et tous ses parlemens, proscrivirent le bref; et Clément XIII fut réduit à des supplications par le besoin de se réconcilier avec elle.

XV. « Soyons gallicans, mais soyons catholiques, » dit très-sententieusement le seigneur d'Hermopolis; mais il y a du louche dans cette phrase, car catholique veut dire *universel*; et le prélat *in partibus* a soin de faire remarquer que « la plupart des Églises des autres na» tions professent des maximes contraires à vos quatre » articles, » qu'il affecte encore de ranger dans la classe des opinions; mais l'assistant qu'il s'était donné en 1817, lors de la première publication de ses *Vrais principes*, et qu'il fait venir à son secours contre le plus violent de ses antagonistes (M. l'abbé de La Mennais), jusque dans la Chambre des députés, avait précisé sa pensée, en disant « que la doctrine contraire à vos quatre articles

» des droits chimériques sur les États de ce prince; elle tentera de trou» bler la bonne intelligence qui règne entre les puissances catholiques et » le Pape; et, par ce désordre, elle se flatte de reculer sa perte, ou » d'en rendre l'époque mémorable dans les annales des empires.

» Telle est l'idée que l'on peut se former de ce coup hasardé, de cette » insulte gratuite faite à un prince dont la cause, en ce moment, est » celle de tous les souverains, etc., etc. »

[1] *Vrais principes de l'Église gallicane*, page 39. Le sage et le fou

« est celle des trois quarts du monde catholique [1]. » Qu'est-ce que ces messieurs doivent en conclure *in petto*, sinon que, pour être catholique, il faut être anti-gallican? Les quatre articles n'expriment, suivant eux, que des opinions probables, soutenues seulement par un quart de la catholicité; il est trois fois plus probable que la vérité gît dans les opinions contraires; et il serait plus sûr de se décider en faveur de celles qui auraient pour elles les trois quarts des docteurs du monde catholique, qu'en faveur de vos articles qui n'en auraient qu'un pauvre quart. Mais le calcul de ces messieurs est fait à l'aveugle, car je vois par les principes de l'Allemagne, depuis surtout la paix de Westphalie, qu'elle n'est pas ultramontaine. Cela est démontré par l'*Enchiridion juris ecclesiastici austriaci* publié par le docteur en droit Georges Kechberger, chancelier de l'évêque de Lintz, à Lintz en 1809. La même chose est attestée pour la Bavière, par le P. Dominique Schram, bénédictin, ancien professeur de théologie et de droit canonique, dans ses *Institutiones juris ecclesiastici et privati academiarum germanicarum moribus accommodatæ* (Augsbourg, 1774). Wan-Espen et les actes du gouvernement de la Belgique ne laissent pas douter que son

n'ont fait, après tout, que s'approprier la pensée de ce damné Claudius Rutilius Numatianus qui, vers 420, adressait à Rome païenne ces vers emphatiques :

Quòd regnas, minus est quam quod regnare mereris,
Urbem fecisti quod prius orbis erat

« Vous avez fait une seule ville de ce qui composait auparavant le » monde entier, et votre immense domination n'est pas encore au niveau » de celle que vous méritez d'exercer. »

[1] Voyez sa brochure intitulée : *Le Concordat* (de 1801) *justifié*. Paris, 1817.

droit public ne soit aussi contraire que le nôtre à l'ultramontanisme ; celui du Portugal est dans le même genre comme on le voit par le seul *Balatus ovium*, que les trois ordres de ce royaume adressèrent au pape Innocent X. Jusqu'à ce jour, où le jésuitisme envahit tout en Espagne, l'Église hispanique maintint chez elle des principes analogues à ceux de l'Eglise gallicane, comme on peut s'en convaincre par le livre de Valdez : *De dignitate regum Hispaniæ*, et par beaucoup de pièces des archives du conseil de Castille. Les déclarations toutes récentes des évêques d'Irlande attestent qu'ils sont aussi gallicans que Bossuet, et par conséquent infiniment plus que ceux de la déclaration remise au Roi de France le 10 avril.

XVI. Mais pourquoi cet air de triomphe avec lequel S. E. l'*In partibus* ministre d'État, après avoir rappelé vaguement la Déclaratiou des évêques d'Irlande, en dissimulant toutefois qu'elle a bien plus d'extension et de franchise que celle des évêques français, puisqu'elle comprend les quatre articles de 1682, tandis que ceux-ci n'ont adopté que l'ombre du premier, a dit avec tant d'affectation aux députés de la France le 26 mai : « Cette doctrine (qui » soumet les couronnes au Pape) a aussi rencontré un » puissant adversaire dans un de nos prélats qui l'a » combattue par une lettre pleine de noblesse, de sa- » gesse et de solidité ? » Comment se fait-il que M. l'évêque-ministre ne puisse citer qu'un seul parmi ces « quatre-vingts pontifes qui, selon lui, par un zèle » plus sage, plus éclairé qu'aucun de ceux qui les ont » précédés, forment un épiscopat qui mérite plus l'es- » time et le respect des fidèles que tout autre épiscopat » français de toute autre époque, et que celui de toute » autre nation, en quelque siècle qu'on la considère? »

Eh ! quel est donc ce prelat ? C'est celui que M. Frayssinous avait eu déjà pour auxiliaire en 1817, quand l'un et l'autre n'étaient que simples prêtres ; celui que le seigneur d'Hermopolis a promu depuis à l'évêché de Chartres [1] : c'est le même qui, en 1817, tout en se disant partisan des maximes gallicanes, soutenait en faveur du concordat de 1801, et conséquemment du couronnement de 1804, « que la puissance du Pape était » sans bornes, qu'il avait la même autorité qu'un con- » cile œcuménique, qu'il pouvait renverser les fonde- » mens de l'Église, prendre des mesures qui tendaient » à détruire les principes conservateurs de notre » croyance [2]. »

J'ai lu cette lettre du prélat de Chartres qu'avait précédée une pastorale apologétique des jésuites, où il donnait pour authentique un discours d'Henri IV en leur honneur, démontré faux par les contemporains eux-mêmes [3] ; et dans la lettre je n'ai vu qu'une succursale de la nouvelle édition des prétendus *Vrais principes* de M. Frayssinous, avec une justification insuffisante et pénible de la confidence faite par son *afendis* à M. l'abbé

[1] Voyez au *post-scriptum* de la présente Lettre comment le frère de ce prélat est venu se grouper avec lui et le directeur Sulpicien, auprès de M. d'Hermopolis, pour le soutenir, en fidèles et reconnaissans Aveyronnais, contre les attaques de M. l'abbé de La Mennais.

(*Note du traducteur.*)

[2] Voyez la *Réponse* (de M. l'abbé de Dillon, vicaire-général de Dijon, avant la révolution) *à la réplique de M. l'abbé Clausel, suivie de quelques observations sur l'ouvrage de M. Frayssinous, intitulé :* Les vrais principes de l'Église gallicane (Paris, 1818), aux pages 58 et 59.

[3] Par l'historien de Thou, témoin oculaire; par le *plaidoyer* de La Martelière devant le parlement en décembre 1611 ; par Sully dans ses *Mémoires des Œconomies royales*, etc., etc.

de La Mennais, qui venait de la révéler au public en ces termes : « Lorsque nous publiâmes nos *Observations sur* » *la promesse d'enseigner les quatre articles*, exigée » par M. Laîné (alors ministre secrétaire-d'État), » M. l'évêque d'Hermopolis voulut bien permettre » qu'elles lui fussent communiquées ; et, à cette occa- » sion, il nous dit ces propres mots que nous n'oublie- » rons jamais : *A Rome je serais ultramontain.* Comme » cela ne signifiait sûrement pas que ce qui était vérité » à Rome (où, de son aveu, il était donc faux que la » doctrine de la suprématie des papes sur les rois fût » surannée), cessât de l'être à Paris, on ne peut que » regretter pour M. l'évêque d'Hermopolis qu'il ne soit » pas à Rome[1]. »

Je m'attendais à voir cet évêque, qui veut qu'on le croie gallican, faire nier ce propos par son assistant ; mais celui-ci n'a pu que se retrancher à dire que le propos était échappé au susdit seigneur dans un moment d'irréflexion et d'abandon. Son ami, sulpicien, directeur de séminaire, dans son tout récent *Antidote contre les aphorismes de M. de La Mennais,* ne l'en défend pas mieux en disant avec bonhomie « que ce mot de M. l'évêque » d'Hermopolis fut prononcé dans l'épanchement d'un » entretien où l'on ne parle pas toujours selon la ri- » gueur du langage théologique[2], » comme s'il s'agissait en cela de théologie plutôt que d'un fait, celui de la pensée intime et cachée du seigneur d'Hermopolis. Ce n'est que dans l'irréflexion et l'abandon d'un homme qui,

[1] *De la Religion considérée dans ses rapports avec l'ordre politique,* seconde partie, pages 154 et 155

[2] Page 109 de l'*Antidote*

suivant le conseil de l'Evangile, joint à la simplicité de la colombe la prudence du serpent dans les choses de ce monde, que se manifestent sans défiance les secrets qu'il lui importe de tenir enfermés dans son cœur.

Bien des gens ont trouvé, M. le Comte, que le colloque de M. Frayssinous et de M. de La Mennais rappelait un peu l'interrogatoire que le 14 mars 1626 le P. Cotton, provincial de la province de Paris, et accompagné de trois gros bonnets de sa compagnie, subit devant le Parlement, au sujet de l'infâme livre du P. Santarelli. Le président leur adressa d'abord cette question : « Ap» prouvez-vous ce méchant livre? » Le P. Cotton répondit pour tous : « *Tant s'en faut, que nous sommes prêts* » *d'escrire contre, et d'improuver tout ce qu'il a dit.* » Après plusieurs autres questions sur les points de la doctrine de Santarelli, et les réponses obliques du P. Cotton, le président l'interpella en ces termes : « Parlez» nous *franchement*, et nous dites si vous croyez que le » Pape puisse excommunier le roi, affranchir ses sujets » du serment de fidélité, et mettre son royaume en » proie. » Pour éviter de répondre cathégoriquement, le révérend Père se tira d'affaire avec cette exclamation évasive : « *Oh! Messieurs, d'excommunier le roi! Lui,* » *qui est le fils aîné de l'Église, se donnera bien garde* » *de rien faire qui oblige le Pape à cela.* » Le président répliqua : « Mais votre général, qui a approuvé ce » livre, tient pour infaillible ce que dessus; êtes-vous » de différente créance? » Remarquez bien la réponse du P. Cotton : « *Messieurs, lui, qui est à Rome, ne peut* » *faire autrement que d'approuver ce que la cour de* » *Rome approuve.* » Le président pressa : « Et votre » créance? » Le bon Père répondit : « *Elle est toute*

» *contraire.* » Enfin le président le poussant à bout, lui dit : « Et si vous étiez à Rome, que feriez-vous ? » Ici, les jésuites ne nieront pas que leur représentant et leur organe n'ait répondu : « *Nous ferions comme ceux » qui y sont, font.* » Sur quoi plusieurs membres du Parlement s'écrièrent : « Quoi ! ils ont une conscience » pour Paris, et l'autre pour Rome ! Dieu nous garde » de tels confesseurs. »

XVII. Jugez, d'après cela, M. le Comte, ce que le seigneur d'Hermopolis est venu dire à la Chambre des pairs, le 4 juillet, d'après l'*Antidote* de son ami, le sulpicien-directeur, à la gloire des jésuites, que, dans cette occasion de 1626, « ils professèrent les maximes de 1682, au su » de leur général qui était bien loin de les improuver ; » qu'en 1713 et 1757 ils firent la même déclaration, et » qu'en 1761 ils la renouvelèrent, » c'est-à-dire toutes les fois qu'ils se virent sur le point d'être chassés de France. On sourit à ces assertions, sans croire qu'il soit nécessaire de les confondre. Le P. Suarez et l'expérience n'ont-ils pas appris ce qu'il faut penser des déclarations et même des sermens jésuitiques ? Les faits qui les suivirent sont des moyens infaillibles pour en apprécier la sincérité.

XVIII. Comment donc faut-il entendre S. E. l'*In partibus* ministre qui doit la connaître aussi bien que les révérends Pères eux-mêmes ? comment faut-il l'entendre lorsqu'il confesse devant les députés de la France « que » les jésuites ne lui inspirent aucune inquiétude, qu'il » est loin de participer à l'*indéfinissable maladie* qui » agite le royaume à leur sujet, et qu'ils ne sont pas » moins gallicans que lui ? » Combien ne faut-il pas les aimer, et que ne fait-on pas pour eux, lorsqu'on ose

dire aux Pairs de France que, « si cette société a été
» détruite par un pape (qu'on s'abstient de qualifier en
» aucune manière), elle a été rétablie par un autre
» pape, Pie VII (qu'on appelle par opposition, *de vé-*
» *nérable et sainte mémoire!*) » Oh! combien il est cher aux hommes de l'école de M. Frayssinous, ce pape qui, par son concordat de 1801, délia les sujets de Louis XVIII du serment de fidélité, le leur fit prêter à un usurpateur, et assit lui-même en 1804 cet usurpateur sur le trône de la France!

Voyez, M. le Comte, voyez se réunir en faveur des jésuites, au profit de l'ultramontanisme, tous les dévots de ce concordat, ces paladins actuels du trône et de l'autel, qui étaient inconnus dans les temps orageux, et qui doivent aux événemens de 1802 et 1804 leur fortune et leur célébrité. La preuve en est à chaque page dans ce *Journal des Curés* de Bonaparte, que, depuis le retour des Bourbons, ils ont fait disparaître si soigneusement, et dans lequel, au travers de cent éloges du conférencier de Saint-Sulpice, on lit tant de notes analogues à celle-ci, datée de Rome le 30 janvier 1809 : « Parmi le grand nombre
» d'Espagnols qui ont prêté, dans cette ville, serment
» de fidélité à S. M. D. Joseph Napoléon (substitué de
» force par son frère au roi légitime d'Espagne), les ex-
» jesuites de cette nation (réfugiés en assez grand nom-
» bre, depuis 1764, sur les États du Pape) ont surtout
» montré, dans cette circonstance, beaucoup de zèle et
» d'empressement. Ceux d'entre eux qui, par raison
» d'âge ou de maladie, n'ont pu se transporter au palais
» de M. le général Miaulis (gouverneur de Rome pour
» le compte de Bonaparte), ont demandé qu'il leur fût

» envoyé un député pour recevoir leur serment, et cette » demande leur a été accordée. »

Peuvent-ils être de vigoureux partisans de la légitimité, ces innombrables ecclésiastiques pour lesquels on ne cesse de multiplier les éditions du *Dictionnaire historique* et du *Journal* de l'ex-jésuite Feller qui fut en 1789 l'un des plus ardens boutefeux jésuitiques de la révolution du Brabant; qui, en 1805, dans sa réimpression altérée de l'excellent *Abrégé d'histoire ecclésiastique* de l'abbé Lhomont, encourageait les Français à se féliciter d'avoir Bonaparte pour monarque? Sont-ils naturellement bien chauds pour la légitimité, ou échauffés par les places qu'elle donne, ces écrivains qui, comme MM. Clausel, Frayssinous et La Mennais, n'ont cessé de porter aux nues Bonaparte pour avoir rétabli le *culte* de la religion [1], en convenant toutefois, depuis qu'ils y ont intérêt, qu'elle-même ne le fut pas; car c'est à cela qu'aboutissaient les lamentations du premier en 1817, lorsqu'il n'était pas encore évêque? Y avait-il beaucoup d'ardeur, pour relever le trône des Bourbons, dans cette dissertation *Sur l'équilibre politique* en Europe, que publia dans le *Mercure de France*, du 27 juin 1807, le coryphée laïque de l'ultramontanisme, ce protecteur illustré de la société des jésuites, M. le vicomte de Bonald, aujourd'hui pair de France, qui, faisant, pour cause (page 599), l'éloge de Louis Bonaparte, roi de Hollande, trouvait ensuite que le pouvoir de Napoléon

[1] *Le Concordat* (de 1817) *justifié*, page 80.—*Vrais principes, etc.*, page 185.—*Réflexion sur l'état de la Religion*, édition de 1808, *passim*, où M. l'abbé de La Mennais, entre autres éloges ampoulés de Bonaparte, l'appelait *fils aîné de la Providence*, par opposition à nos rois, *fils aînés de l'Église*.

n'était pas assez despotique, ni assez étendu; qui, posant en principe « que c'était moins par la force des » armées que par l'habileté, la force morale de ses mi- » nistres comme de ses généraux, qu'un prince pouvait » braver l'Europe », en donnait pour exemple, avec le ton d'un fin courtisan, « la force de tête et de caractère » de l'homme qui, disait-il, gouvernait la France, do- » minait l'Europe et dictait des lois au continent » (page 583)? »

Tout cela, et l'infinité de traits semblables que je pourrais ajouter, sont-ils propres à inspirer beaucoup de confiance à la légitimité qui en serait instruite? Et suffit-il, pour la séduire, de hasarder présomptueusement cette espèce de prosopopée du seigneur d'Hermopolis qui retentit le 26 mai dans la Chambre des députés : « Je crois entendre une voix s'élever au milieu de cette » enceinte pour me dire : Vous êtes partisan des maxi- » mes et des libertés de l'Église gallicane, *nous le* » *savons*; ces maximes sont encore chères à l'épiscopat » (ce que ne prouve pas la déclaration du 10 avril), et » la plus grande partie des membres du second ordre » du clergé (que le prélat-ministre confesse être plon- » gée dans l'ultramontanisme) vont nous donner l'es- » poir de voir ces maximes triompher et se perpétuer » dans leur intégrité, comme nous les avons reçues de » nos pères, etc.? »

Mais, je vous le demande, M. le Comte, si l'on n'en a pas de plus solides garans que la déclaration que le seigneur d'Hermopolis a fait présenter au Roi par les évêques, le 10 avril, ceux qui fonderaient sur cela leur sécurité ne seraient-ils pas déjà dans les filets de l'ultramontanisme? On a vu que cette déclaration se borne à professer l'indépendance de la couronne, qui, certes, n'est pas mieux établie que la supériorité des conciles sur le Pape et sa faillibilité, dans l'auguste déclaration de 1682 qu'elle abroge, et le magnifique ouvrage de Bossuet qu'elle tend à faire proscrire. Ces évêques du jour, en donnant la leur à Charles X, ne lui ont donc promis, dans la réalité, qu'une opinion libre et variable, qu'ils savent être odieuse à Rome, et qu'ils croient réprouvée par les trois quarts de la catholicité ; qu'une opinion implicitement révoquée d'avance par eux-mêmes, puisqu'ils se sont réservé le droit de soutenir celle de l'infaillibilité du Pape que la plupart d'entre eux professent ouvertement.

Il faudrait qu'en France on ne fût plus capable de réfléchir, si l'on n'y faisait pas ce raisonnement qui, dans nos îles, vient à l'esprit de tout le monde : « Les évêques » et le clergé se réservent de soutenir que le Pape est » infaillible. Or, Grégoire VII a décidé, comme un » point de foi, que le Pape peut déposer les rois ; donc » ils devront croire que leur déclaration sur l'indé- » pendance de la couronne est une hérésie, et l'abju- » rer, si quelque pape, favorisé par les circonstances, » la condamne comme telle, ainsi que l'exige la poli- » tique de la cour romaine. »

XIX. L'inanité, le danger d'une déclaration aussi illusoire, essayée à différentes époques par l'école des jésuites, avait été bien comprise de vos grands hommes du temps passé. « Si l'infaillibilité du Pape, disait en 1663 » l'avocat général Denys Talon, était une fois autorisée, » ce serait ouvrir la porte à une infinité de propositions » séditieuses et préjudiciables à l'autorité souveraine du » Roi notre maître, aux droits de sa couronne, à la sû-

» reté de sa personne royale et au bien de son État; de » sorte qu'on ne saurait apporter trop d'exactitude et » de sévérité pour arrêter le cours et le progrès de cette » *nouvelle* doctrine. Elle est nouvelle sans contredit, » car elle ne prit quelque consistance qu'après le con- » cile de Trente. Les papes n'avaient pu la lui faire » prendre pendant la tenue de ce concile, parce que » l'opinion contraire y régnait parmi les évêques d'Es- » pagne, de Portugal et de Hongrie, comme parmi ceux » de France, à telle enseigne que, dans une congréga- » tion tenue sous Pie V, ils avaient fortement et invin- » ciblement appuyé le principe de la supériorité des » conciles œcuméniques sur le Pape. On sortit de ce » concile en conservant intacts les actes définis à cet » égard par ceux de Constance et de Bâle. »

Denys Talon expliqua plus fortement encore ce que le système de l'infaillibilité du Pape avait de dangereux pour la couronne, lorsque, le 29 juillet 1665, il requit le parlement de supprimer la bulle d'Alexandre VII, qui venait de condamner les censures dont la Faculté de théologie de Paris avait flétri le livre du soi-disant Jacques de Vernant, où les prétentions de la cour de Rome étaient soutenues avec audace et sans ménagemens. « Cette bulle, disait le célèbre avocat-général, va » directement à établir l'infaillibilité du Pape et sa su- » périorité au-dessus du concile, *comme un article de* » *foi*..... Mais la doctrine de l'infaillibilité *ruine abso-* » *lument les libertés de l'Église gallicane*, et *établit*, » par une suite nécessaire, *la puissance absolue du* » *Pape*, MÊME SUR LA TEMPORALITÉ DES ROIS. Il ne sert » de rien, pour empêcher cette conséquence, de dire » que les papes demeurent toujours faillibles dans les

» faits, puisqu'ils font, quand il leur plaît, des points » doctrinaux de ces mêmes prétentions sur la tempora- » lité des rois et sur leurs sacrées personnes, comme » a fait Boniface VIII dans sa bulle UNAM SANCTAM, où » il déclare qu'il est de foi de croire que le Pape est au- » dessus de toutes les puissances spirituelles et tempo- » relles.

» Il s'ensuivrait aussi de cette doctrine qu'il faudrait » admettre en France le tribunal de l'inquisition, dont » nous fuyons jusqu'à l'ombre, et réduire le royaume » au même état que les pays qu'on nomme d'*obédience*, » qui gémissent sous un joug si insupportable, que, sui- » vant le style de ce tribunal, la bulle condamne par » avance tous les livres où les censures de la faculté » seraient énoncées ou défendues, en quoi sont compris » les arrêts de la cour : ce qui ne doit pas paraître fort » surprenant, puisqu'ils ont bien eu l'insolence de » mettre dans l'*Index*, l'arrêt contre Jean Châtel, comme » il paraît encore dans l'*Index* qui a été imprimé l'année » dernière.

» Ainsi, c'est dans cette rencontre qu'il faut ap- » porter toute la vigueur possible pour repousser ces » injustes entreprises de la cour de Rome, qui n'avait » point encore fait de démarche si hardie que celle-ci. » Quoique l'excommunication portée par la bulle soit » nulle, et ne puisse rejaillir que contre ceux qui l'ont » prononcée, il est néanmoins de conséquence de pré- » venir les mauvais effets qu'elle pourrait avoir parmi » le peuple, si la cour, par son autorité, n'en empêchait » les mauvais effets. On n'est que trop informé des » cabales et des brigues de certaines gens (les jésuites), » qui font tous leurs efforts pour établir au milieu de

» nous les nouvelles maximes, et qui entretiennent une
» liaison secrète avec les officiers de la cour de Rome,
» leur faisant entendre qu'ils disposeront tout le
» monde à recevoir avec respect leurs rescrits et leurs
» bulles. Il est de la dernière conséquence de réprimer
» ces sortes de gens, comme des *perturbateurs du repos*
» *public*, contre lesquels nous demandons qu'il soit
» permis d'informer. »

On doit savoir en France, aussi bien que chez nous, M. le Comte, avec quelle sévérité le parlement fit droit à ces mémorables réquisitoires; et le coup de grâce sembla porté à l'ultramontanisme par la déclaration de 1682.

Mais, après la mort de Bossuet, l'ultramontanisme, se relevant appuyé sur ce grand nombre d'abbés que les jésuites avaient fait placer dans la plupart des siéges du royaume, et se montrant avec une audace croissante à mesure que s'augmentait l'espoir de triompher par la bulle *Unigenitus*, enfanta, en 1711, un cours de théologie qui enseignait la doctrine de l'infaillibilité du Pape, et que ces évêques s'empressèrent de donner à leur clergé : c'était ce qu'on appelle la *théologie de Poitiers*, publiée avec l'autorisation de l'évêque très-jésuitique de cette ville, La Poype de Vertrieu. Elle avait été composée, de l'aveu de Dreux du Radier qui en fit l'éloge, par deux jésuites, les PP. Latour et Salton, avec les cahiers dictés à ce prélat au séminaire de Saint-Sulpice où il avait fait ses dernières études. L'artifice était si bien ménagé dans cette théologie, que les jésuites, par l'immense crédit qu'ils avaient à la cour, en ce temps de la décrépitude de Louis XIV, réussirent facilement à détourner les yeux du gouvernement de ce qu'il y avait de dangereux dans ce livre qui se répandait de plus en plus dans les séminaires. Mais l'illustre d'Aguesseau, encore procureur-général, et à la vigilance de qui rien de ce qui attentait à l'autorité royale, ne pouvait échapper, le dénonça au chancelier (de Pontchartrain) par un Mémoire qu'on retrouve dans la collection de ses œuvres [1]. Il y disait : « Le procureur-général du Roi aurait manqué essentiellement à son devoir, s'il ne s'élevait contre un livre » qui tend ouvertement à détruire tout ce que le clergé » de France, tout ce que les universités du royaume, » tout ce que les parlemens, et enfin tout ce que le Roi » même fait, suivant l'exemple de ses prédécesseurs, » pour maintenir la doctrine de l'Église gallicane dans » toute sa pureté.

» Les maximés qu'on attaque dans ce livre ne sont » pas seulement nécessaires pour conserver la liberté et » la dignité de cette Eglise; elles vont encore plus » loin, et le Roi même est intéressé à les soutenir : car » enfin on ne peut s'empêcher de dire ici en un mot que, » si le concile n'est pas au-dessus du Pape, si le Pape » est infaillible, si ses décisions doivent être nécessairement suivies de la soumission de toute l'Eglise (comme » l'enseignait la *théologie de Poitiers*), LA COURONNE DES » ROIS N'EST PAS EN SURETÉ. Les papes ont décidé plus » d'une fois qu'ils pouvaient disposer du temporel des » souverains, transférer les sceptres et les empires, » absoudre les sujets des anciens sermens qui les attachent à leurs princes, et leur imposer la nécessité de » prendre de nouveaux engagemens. » (Comme on l'a vu faire en faveur de Bonaparte, par *Pie VII* qui est,

[1] Tome XIII, pages 519 et suivantes.

pour le seigneur d'Hermopolis, de si *vénérable* et si *sainte mémoire*, exclusivement à beaucoup d'autres et surtout à Clément XIV.) « Si les papes sont infaillibles, » toutes ces maximes deviennent indubitables, et le Saint-» Siége est, non-seulement au-dessus de toute l'Eglise, » mais au-dessus de tous les royaumes de la terre; et » les auteurs ultramontains ne craignent point de le » dire.

» Ainsi, nous ne saurions attaquer solidement une » doctrine contre laquelle nous devons combattre jusqu'à » la mort (pour la sûreté de la couronne), *si l'on souffre* » *que l'infaillibilité du Pape, ou sa supériorité au-dessus* » *du concile, soient enseignées dans ce royaume*; et nous » devons regarder toutes les propositions qui tendent à » établir cette doctrine, non-seulement comme une er-» reur contre la tradition de l'Eglise, mais comme *un* » *crime contre l'État.* »

Serait-ce l'intégrité et le zèle de ces deux magistrats et de leurs successeurs qui auraient été la principale cause de la haine du parti ultramontain pour le parlement; et ce parti se servirait-il du décri où il croit l'avoir fait tomber, pour infirmer leur autorité en les rejetant comme laïques? On lui opposerait alors le témoignage d'un savant et vertueux prélat, Gilbert de Choiseul du Plessis-Praslin, évêque de Tournai. Dans son fameux rapport à l'Assemblée de 1682, il disait en exprimant la pensée de tous les prélats dont elle était composée et notamment de Bossuet : « Nous avons montré, Mes-» seigneurs, assez clairement dans la première partie » de ce rapport, que la doctrine de l'indépendance des » princes souverains est conforme à la parole de Dieu, » et que c'est une erreur de soutenir le contraire. Ce-

» pendant Boniface VIII, dans sa constitution qui com-
» mence *Unam sanctam*, et qui est un décret par lequel
» il a parlé à toute l'Eglise, prétend établir *comme un*
» *dogme de foi* et dont la croyance est nécessaire au
» salut, *que les souverains pontifes ont un pouvoir ab-*
» *solu sur toutes les puissances séculières; que l'usage du*
» *glaive temporel leur appartient, et qu'ils peuvent dé-*
» *poser les rois*. En faut-il davantage, Messeigneurs,
» pour nous faire regarder comme une opinion insoute-
» nable, le sentiment de ceux qui flattent les papes de
» cette infaillibilité ?

» Si les papes sont infaillibles, c'est sans doute lors-
» qu'ils proposent quelque chose à l'Eglise comme
» article de foi; or on ne peut faire une déclaration
» plus expresse que celle que ce Pape a faite dans sa
» bulle *Unam sanctam*. Si nous croyons donc les papes
» infaillibles, il n'est plus permis, après la décision de
» Boniface VIII, de douter que les souverains pontifes
» n'aient l'autorité de disposer des couronnes et de dé-
» poser les rois, quand il leur plaira de dire que les rois
» sont indignes de régner.

» Vous voyez, Messeigneurs, à quoi nous porterait
» cette infaillibilité : car peut-on être *Français* et *même*
» *chrétien*, en soutenant une opinion si opposée aux
» paroles expresses de Jésus-Christ, si contraire à la
» doctrine de ses apôtres qui sont les plus fidèles com-
» mentateurs de l'Evangile, et qui combat aussi ouver-
» tement le sentiment unanime des saints Pères, que
» celle qui soumet la puissance temporelle à la puissance
» ecclésiastique, et qui établit le successeur du premier
» des apôtres dans la DOMINATION que le fils de Dieu

» a déclaré ne pouvoir compatir avec l'apostolat [1]. »

Que vos nouveaux évêques, M. le Comte, ne sachent pas ces choses-là, on s'en étonnera si l'on veut; mais que S. E. l'*In partibus* secrétaire-d'État, régulateur du clergé, grand-maître de l'Université, ait feint de les ignorer; c'est ce que je ne puis comprendre, à moins qu'on ne suppose qu'il les ignorait en effet : ce qui ne s'accorderait point avec la haute réputation de savoir que vos journaux lui ont faite, et les places éminentes auxquelles ils l'ont porté.

XX. Je ne comprends pas mieux pourquoi les trois prélats, qui ont présenté au Roi la déclaration du 10 avril et dont le premier y a pris son titre de cardinal, ont dit qu'ils la donnaient « au nom des *cardinaux*, » comme des archevêques et évêques de France. » Ce n'est point avec des titres cardinalistes que la déclaration de 1682 fut présentée et mise au jour; il n'y eut même aucun cardinal, et il ne convenait pas qu'il y en eût aucun dans l'Assemblée où elle fut votée, rédigée et signée. Une déclaration de ce genre est suspecte de non-sincérité par cela seul qu'on la voit faite par des cardinaux, attendu qu'ils sont liés d'une manière particulière aux intérêts de la cour de Rome qu'elle offense et avec lesquels elle ne peut s'accorder.

Vous êtes trop érudit, M. le Comte, pour ne pas connaître la *très-humble remontrance du parlement au Roy et à la Reyne régente*, qui, rédigée par le célèbre Omer Talon, leur fut présentée par lui-même accom-

[1] *Procès-verbaux des assemblées du clergé*, au tome V, pages 540 et 541.

pagné du second avocat du Roi et du président, le 13 mars 1651, pour demander que les cardinaux, même français, fussent exclus du conseil du Roi, comme « plus » propres et plus capables des emplois de la cour de » Rome que de la connaissance des affaires du royaume. » Il serait urgent de nos jours que vous donnassiez une grande publicité à cette remontrance dans laquelle ce magistrat disait au jeune monarque et à sa mère :

« Quoiqu'il soit vrai qu'aucun sujet de Sa Majesté ne » puisse être élevé à la dignité de cardinal que sur la » nomination et postulation de Sa Majesté, sans quoi il » y aurait félonie; il n'en est pas moins vrai que, dès » qu'ils sont revêtus de ce titre, non-seulement ils » croient être conseillers, sénateurs, coadjuteurs de la » puissance pontificale; mais, qui plus est, ils s'imagi- » nent être une portion de sa substance et posséder une » partie de son autorité; et, dans cette pensée dont ils » se flattent d'être les *princes* de l'Eglise universelle, ils » se persuadent être des *souverains*, principalement de- » puis l'année 1630, en laquelle ils se firent accorder » par le Pape le titre d'*éminence* et la qualité d'*éminen-* » *tissime*, laquelle, ainsi que porte le bref du Pape, ne » peut être prétendue que par les électeurs de l'Empire » et le grand-maître de Malte, qui sont tous souverains » dans leurs Etats. Outre plus, cette vanité qu'ils ont » de porter la pourpre qu'ils pensent être la dépouille » de l'empereur Frédéric II, qui leur fut accordée par le » pape Innocent IV, dans un concile de Lyon où il fut » excommunié (et dégradé), leur fait croire facile- » ment qu'ils ne sont sujets à Votre Majesté que jusqu'à » une certaine concurrence, et comme s'ils avaient un » esprit *double* ou plutôt partagé. Outre qu'ils croient

» devoir être les arbitres de toutes les grandes affaires de » la chrétienté, ils pensent être *obligés de faire préva- » loir les intérêts et les maximes de Rome à celles qui » regardent l'autorité royale et la puissance de Votre » Majesté.* »

Omer Talon continua, en rappelant ce qu'en 1612 et en 1614, le cardinal du Perron avait entrepris contre les intérêts de la couronne au profit de la cour romaine, et de même le cardinal François de la Rochefoucauld en 1639, le cardinal de Richelieu en 1633 et en 1641. Remontant aux règnes de Charles VI et de Louis XI, il fit remarquer que le premier de ces princes fut obligé de chasser du royaume le cardinal d'Amiens, et le second de faire emprisonner le cardinal La Balue; que le cardinal d'Amboise sous Louis XII et le cardinal Duprat sous François Ier, ne furent jamais admis « dans les » conseils qui regardaient la cour de Rome. » Les torts du cardinal de saint Pierre-aux-Liens en 1320 et ceux du cardinal de Guise, aux Etats de Blois en 1588, ne furent pas même oubliés.

L'avocat-général vint ensuite « à la considération du » serment de fidélité que les cardinaux sont obligés de » faire au Pape, lequel, dit-il, a été prescrit par les » termes du concile de Bâle en la session vingt-troisième; » et, bien que ce concile n'ait pas l'approbation de la » cour romaine, il oblige pourtant tous les cardinaux, » lors de leur promotion, de promettre, non-seulement » fidélité, mais même obéissance entière pour exécuter » tout ce qui leur sera ordonné par le Saint-Siége, sans » réserve, ni exception. Et que si à présent ils omettent » ce serment, cela procède, disent les canonistes et prin- » cipalement le cardinal Hostiensis, de ce que personne

» ne fait serment à soi-même. Or, les cardinaux étant » les membres, les portions, les entrailles de l'autorité » pontificale et de la personne du Saint-Père, ils ne peu- » vent faire de serment à eux-mêmes; mais, par leur » promotion, ils acquièrent une dépendance, un atta- » chement si précis et si formel, qu'ils croient lui être » plus intimes qu'ils ne sont à toutes sortes d'obliga- » tions civiles, naturelles et politiques; qu'ils lui doi- » vent plus qu'à leurs parens auxquels ils sont débiteurs » de la vie, et à leurs souverains auxquels ils doivent » l'obéissance et la fidélité tout entière. Pour cela, M. de » Dormans, évêque de Beauvais et garde-des-sceaux de » France, ayant été élevé à la dignité de cardinal sous » le roi Jean, fut obligé de les lui remettre à cause de » l'incompatibilité de ces deux dignités, et qu'il est » impossible de servir deux maîtres. La république de » Venise, non-seulement ne donne aucune autorité à » ceux qui sont pourvus de telles dignités; elle ne souf- » fre pas même que leurs frères naturels puissent en » avoir dans le sénat. Le Pape étant prince temporel, » levant des armées, soudoyant des gens de guerre, » possédant des places fortes, les nonces et les légats, » qu'il nous envoie, ne doivent pas avoir chez nous » plus d'autorité que les ambassadeurs des autres puis- » sances; et les cardinaux appartenant à ce prince étran- » ger, ne doivent pas être admis dans le secret et la » participation des affaires de l'Etat. Le Pape les con- » sidère comme tellement, exclusivement *siens*, que, » par trois bulles différentes, il a déclaré déchus de » leur titre et dignité les cardinaux, lorsqu'ils sont em- » ployés dans le ministère de quelque souverain. Cela » est si vrai, qu'après le décès des cardinaux La Valette

» et Richelieu, leur mémoire ne reçut aucuns honneurs
» ni prières publiques du sacré collége, parce qu'ils
» avaient été l'un et l'autre dans les emplois des affaires
» publiques du royaume.

» Nous savons que les cardinaux français, *lorsqu'ils*
» *sont à Rome*, travaillent toujours pour l'avantage de
» la nation et pour satisfaire aux ordres qu'ils reçoivent
» de leur souverain; mais, *lorsqu'ils sont en France*,
» dans la pensée de se conserver en bonne intelligence
» avec la cour romaine, ils n'omettent aucuns moyens,
» quoique préjudiciables à l'autorité de leurs souve-
» rains; que, s'il peut arriver quelques inconvéniens de
» l'emploi qui sera donné aux cardinaux dans les con-
» seils du Roi, il n'en arrivera aucun quand ils n'y se-
» ront point appelés. »

Je suis persuadé, M. le Comte, que cette citation ne paraîtra point trop longue au seigneur d'Hermopolis; que même elle lui sera fort utile, si toutefois il n'a pas envie de faire ajouter la dignité de cardinal à sa charge de ministre d'Etat, ce que je ne crois pas qu'il doive ambitionner. C'est parce que les choses d'érudition peuvent lui être utiles et même nécessaires, que vous devriez encore relever au moins trois ou quatre faits importans, qui, mal appris à l'école Sulpicienne, sont travestis au profit de l'ultramontanisme, dans les soi-disant *Vrais principes de l'Église gallicane*.

XXI. Les trois premiers s'y trouvent aux pages 57 et 58 où M. Frayssinous prétend : 1° qu'aux États-Généraux de 1614, le clergé, dans ses demandes au Roi, ne voulut qu'obtenir un remède aux atteintes portées à la juridiction et aux droits de l'Eglise, sous prétexte des libertés de l'Eglise gallicane; 2° qu'il faut regarder comme une censure légale et prononcée par tout l'épiscopat français, celle qu'en 1639 le cardinal François de La Rochefoucauld fit porter par une poignée d'évêques que *lui seul* avait convoqués dans son palais de Sainte-Geneviève, contre deux volumes de Recueils, publiés par les frères Dupuy et contenant avec le *Traité* de Pithou sur les libertés gallicanes, les *Preuves* de ces libertés tirées des monumens de la monarchie. M. Frayssinous, pour rendre la censure plus imposante, dit que « dans cette » réunion d'évêques étaient les hommes les plus recom- » mandables par leur sagesse, leur savoir et leur piété, » tels que le cardinal de La Rochefoucauld, Henri de » Spond et Alain de Solminihac. » Le troisième fait dont se prévaut M. Frayssinous est que M. de Marca, « dès le » commencement de son ouvrage *De la Concorde du* » *sacerdoce et de l'empire*, reconnaît que les deux livres » ci-dessus renferment des maximes très-hétérodoxes. »

Quant au premier fait, je renverrai M. le grand-maître aux procès-verbaux des états de 1614; il y verra que la remontrance ne fut qu'un tour adroit donné par le cardinal du Perron, pour étouffer la demande du tiers qui voulait que le Roi fît une loi pénale pour réprimer comme criminels de lèse-majesté, les écrivains qui ressuscitaient les principes de la Ligue, comme le faisaient les jésuites.

Quant au second fait, je dirai d'abord, M. le Comte, qu'il n'y a rien de plus passionné et de plus faible en raison que la censure portée par cette réunion d'évêques; que, parmi les dix-neuf seulement dont elle se composait, il en était un qui avait donné la démission de son siége, un qui n'était que coadjuteur, un qui n'était qu'*in partibus*; que plusieurs avaient été élevés dans les principes de la Ligue, quelques-uns même y avaient figuré de la manière la plus éclatante; que, parmi ces dix-neuf, il y en eut quelques-uns d'opposés à la censure, parmi lesquels il faut compter le saint et savant Alain de Solminihac; que, bien qu'elle eût été envoyée à tous les prélats du royaume pour qu'ils en portassent une semblable, aucun ne l'osa; qu'en vain dans la suite, jusqu'en 1665, des intrigans ultramontains cherchèrent à la faire sanctionner par les assemblées du clergé, elle resta comme non avenue. On en a fait ailleurs l'histoire la plus lumineuse [1]; mais l'historien n'avait pas la preuve évidente et directe, que toute cette affaire fut imaginée et conduite par les jésuites [2].

[1] Elle est exposée depuis 1639 jusqu'en 1665, avec les développemens les plus instructifs, dans la *France Catholique* de 1825, au tome III, depuis page 114 jusqu'à page 151, et au tome IV, depuis page 105 jusqu'à page 122.

[2] Dans sa note de la page 58, M. Frayssinous tire avantage de ce que la censure faite chez le cardinal de La Rochefoucauld avait été précédée d'un arrêt du *Conseil privé*, du 20 novembre 1638, qui défendait la vente des deux livres publiés par les frères Dupuy; mais il faut savoir ce qu'était ce conseil, sous l'influence de qui il agissait, principalement dans les affaires de ce genre, et continua d'agir. Vos auteurs, Monsieur le Comte, nous apprennent que, depuis Louis XII, ce conseil qui suivait toujours le Roi, même à la guerre, était le cinquième de ceux dont la réunion s'appelait le *Conseil-d'État du Roi*, créé par un édit de Charles VIII en 1497. Celui-ci même, dès les commencemens, excita des récriminations de la part des tribunaux réguliers auxquels il enlevait leurs justiciables. Il n'était plus ce temps où Charles V, dit le Sage, avait enjoint à son parlement, par ses ordonnances de mars 1359 et de juillet 1370, « qu'à aucunes lettres octroyées par les rois sans causes » raisonnables, ou contre bien de justice, ne à quelconques mandemens » de bouche qu'ils lui en fissent (au parlement), n'y obéît en aucune » manière. »

Ce conseil était en 1638 sous la même influence dont s'est plaint, en 1756, le parlement de Paris dans son humble remontrance au Roi, le 4 août,

Et d'abord il faut savoir que François de La Rochefoucauld avait fait ses humanités, sa philosophie et sa théologie au collége des jésuites; que le cardinal de Guise le gagna fort jeune à son parti, en lui résignant, lorsqu'il n'avait encore que quinze ans, sa riche abbaye

disant, entre autres choses fort remarquables : « Vos parlemens, Sire, » ont réclamé votre justice contre ce déluge d'arrêts du conseil qui renversaient la forme constitutive du gouvernement français, qui contenaient des maximes pernicieuses, inconnues à nos pères, destructives » de votre autorité et de la police du royaume, qui tendaient à autoriser » le *zele séditieux* et *schismatique de ceux qui, sous le prétexte de* » *servir la religion, ne pensent qu'à dominer*, et ne cessent, *de*» *puis plus d'un siècle*, de déchirer les entrailles de l'Église, et de met» tre le royaume en combustion. Nous le disons, Sire, avec toute la con» fiance qu'inspire la vérité, si les ordres particuliers et les arrêts du » conseil, qui ont fait tant de fois le sujet de nos respectueuses repré» sentations, eussent prévalu, il n'y aurait maintenant dans votre » royaume ni principes, ni subordination, ni lois, ni régles; le clergé » tiendrait aujourd'hui les rênes du gouvernement. c'est dans les arrêts » du conseil que l'évêque de Troie, qui vient de donner à l'Église et à » l'État le scandale de la plus criminelle révolte contre l'autorité royale, » prétend trouver l'apologie de ses excès. Quelques ecclésiastiques de » la même faction bravent votre puissance suprême; ils la méconnaissent » dans les arrêts de votre parlement · les arrêts du conseil sont leur » code, leur sauvegarde, leur appui. Une audace sacrilége se fait un » jeu de profaner le nom du prince; elle ne rougit point, Sire, de vous » compromettre avec vous-même, de donner à votre autorité un carac» tère d'incertitude et d'instabilité qui ne peut que l'affaiblir. . . . Déjà » la fermentation que l'on remarque dans les esprits pronostique ce que » nous n'osons prévoir. . . . »

Le parlement de Rouen, dans ses remontrances du 14 août 1753, avait déjà dit : « Les arrêts du conseil sont des ressorts étrangers substi» tués aux forces naturelles du corps politique, et qui ébranlent la mo» narchie. Ils sont étrangers à l'ordre judiciaire, portent aux lois, à la » souveraineté les attaques les plus directes, etc., etc. »

Clovis ayant demandé à saint Remy combien de temps durerait la monarchie française, il lui répondit qu'elle subsisterait tant que les lois et la justice y règneraient (Paul. Æmil. *De gestis Francorum*).

de Tournus ; qu'à 26 ans l'abbé de La Rochefoucauld alla à Rome, où, de l'aveu du P. Sotwel, biographe de la société de Jésus, « il fréquenta particulièrement le car- » dinal Bellarmin, se fit une loi de suivre ses avis et de » se mouler sur ses exemples ; » que le roi Henri III l'ayant nommé évêque de Clermont en 1685, il fut dans cette ville, ainsi que son frère Louis, comte de Randan, lieutenant de roi dans la province d'Auvergne, le plus chaud promoteur de la Ligue ; qu'après que Paris et la plupart des villes de France se furent soumises à Henri IV, il entra dans l'intrigue d'un autre frère, abbé de Saint-Martin en Valée et nommé Alexandre, qui en 1599, pour ressusciter la Ligue, fit partir de Romorantin la crisiaque Marthe Brossier et son père auxquels Henri IV avait défendu d'en sortir, et les conduisit à Rome, où cette fille, contrefaisant la possédée, aurait fait réussir le projet de l'abbé Alexandre vivement secondé par les jésuites, sans le cardinal d'Ossat qui, s'y trouvant encore, fit échouer cette nouvelle manœuvre [1]. M. Frayssinous devait connaître ces particularités ; il ne pouvait ignorer que le prélat François de La Rochefoucauld ne voulut, conformément à l'enseignement des jésuites, se soumettre à Henri IV qu'après que le Pape l'eut reconnu pour roi légitime. S. E. l'*In partibus* ministre ne savait-il pas qu'Henri IV, pour le gagner, le fit

[1] Voyez *Chronologie septenaire* par Cayet, livre 2 ; *Histoire des sept années de paix*, au tome I, pages 335 et suivantes ; *Histoire*, par de Thou, à l'année 1599, tome V, livre 123 ; *Lettres du cardinal d'Ossat*, livre 6, lettres 211 et 215 ; le *baron de Fœneste*, livre 2, chapitre V ; la *Satyre Ménipée* avec les *remarques* de Le Duchat, Mézeray, *Abrégé chronologique de l'histoire de France*, à l'an 1599 ; Benoît, *Histoire de l'édit de Nantes*, à l'an 1599 ; *Rapports du président Roland au parlement de* Paris, les 2 avril 1762 et 15 juillet 1763.

commandeur du Saint-Esprit, demanda pour lui à Paul V, le chapeau de cardinal qui lui fut donné en 1607 ; que, pour le surveiller de plus près, Henri le fit transférer de Clermont à Senlis, puis l'envoya à Rome pour l'éloigner ; et que ce ne fut qu'après l'assassinat de ce prince que le cardinal revint en France, sous la régence de Marie de Médicis environnée et subjuguée par des Italiens, comme le dit Bossuet, lesquels en 1618, de concert avec les jésuites, firent porter ce cardinal à la dignité de grand aumonier. Il se démit de cette charge et de son évêché en 1622, mais non de l'abbaye de Tournus et de celle de Sainte-Geneviève dans le palais de laquelle fut faite la censure de 1639, dont triomphe le seigneur d'Hermopolis.

Dès 1636, comme nous l'apprend le P. Pierre-Antoine Chifflet, jésuite, dans son *Histoire de l'abbaye de Tournus*, imprimée en 1644, *avec l'approbation de ses supérieurs et des gens doctes de la société de Jésus* (chap. LV, pages 248, 257, 258), le cardinal de La Rochefoucauld, âgé de 78 ans, avait demandé d'entrer comme jésuite dans cette société et d'y mourir. Il en avait fait la proposition au P. Étienne Binet, alors provincial de la province de Paris ; et celui-ci l'avait transmise au général, le P. Vitelleschi, lequel ne crut pas devoir l'accepter sans le consentement du Pape, attendu la dignité de cardinal qu'avait le postulant. Le pontife, qui était alors Urbain VIII, ne voulut point y consentir, malgré les instances du P. général qui lui en parla jusqu'à trois fois. Vitelleschi prit alors le parti de s'affilier le cardinal de La Rochefoucauld comme jésuite de *robe courte* ; et celui-ci ayant fait les vœux de son affiliation, imagina, pour mieux observer celui d'obéissance, dit le P. Chifflet, d'après son confrère le P. Pierre Royer, auteur d'une *Vie* du cardinal, « de choisir deux Pères de notre com-» pagnie qu'il obligea et contraignit non-seulement à lui » déclarer leurs sentimens sur toutes ses affaires; mais » encore *à lui commander ce qu'ils jugeraient de meil-» leur : à quoi il se conformait aussi humblement que » saurait faire un bon religieux aux ordres de son » supérieur.* » Telle était la dépendance du cardinal, lorsqu'à quatre-vingt-un ans il censura et fit censurer dans son palais abbatial, par des évêques dévoués, les deux livres qui déplaisent tant à S. E. l'*In partibus* ministre [1]. »

Il s'est encore un peu mépris dans le jugement qu'il prétend que M. de Marca en porta au commencement de son principal ouvrage. Si l'on veut prendre la peine de l'ouvrir, on verra qu'au livre I, chap. I, n° 2, M. de Marca trouve ridicule et blâmable le soulèvement du cardinal grand-aumonier La Rochefoucauld

[1] Si l'on veut d'autres preuves de l'aveugle jésuitisme qui mettait le cardinal François de La Rochefoucauld dans la plus absolue dépendance du général des jésuites, et comme *un bâton dans la main d'un vieillard*, ainsi que l'exige la règle de l'institut, on aura encore, indépendamment des richesses qu'il donna aux jésuites de Billom et du legs que ce cardinal fit de son cœur au collége des jésuites à Paris, les témoignages du P. Pierre Roverius et du P. Nicolas Nau. Le premier, dans son livre *de vitâ et rebus gestis Francisci de la Rochefoucauld* (*Parisiis; Cramoisy*, 1645), raconte (chapitre IV du livre 2) le fait exposé par le P. Chifflet, et donne même le texte de la réponse du général Vitelleschi, datée de Rome le 22 septembre 1636. Après avoir parlé, au chapitre suivant, des deux jésuites qui dirigeaient despotiquement la conduite du cardinal, il nous apprend que c'était un *dit-on* familier dans sa maison, lorsqu'il paraissait gai, qu'il était arrivé quelque chose d'heureux aux jésuites; et lorsqu'on le voyait triste, qu'il leur arrivait quelque chose de fâcheux. « Nos intérêts, ajoute le P. Roverius, lui étaient plus chers que » les siens propres, » parce que ses deux guides lui avaient persuadé qu'il n'y avait pas un revers pour les jésuites qui ne portât un grand préjudice à

contre les livres des frères Dupuy, qui ne consistaient qu'en des recueils de tout ce qui s'était écrit depuis le commencement de la monarchie en faveur des libertés gallicanes. Le cardinal ne pouvait pas surtout digérer qu'on y lût que, dans les six premiers siècles, le pontife romain n'avait eu aucun droit sur les églises de France ; qu'au temps de Clovis le roi et non le Pape avait été établi, par Jésus-Christ, le chef suprême de l'Eglise gallicane ; qu'il n'était pas permis au Pape de lancer des excommunications hors de son diocèse, et autres propositions semblables. « Mais, poursuit M. de » Marca, ce qui choquait dans ces livres, bien que ce fus» sent des maximes impies et de profanes nouveautés de pa» roles, n'était après tout que certaines expressions crues » et moins châtiées, *cruda quædam et minus decocta verba,* » échappées à des écrivains qui, au commencement de » la Ligue, s'efforçaient de l'étouffer à sa naissance. »

a religion, et que leurs calamités étaient de telle nature qu'elles ne pouvaient être compensées par aucun avantage. Le P. Nicolas Nau, qui prononça l'oraison funèbre de ce prélat dans la chapelle du collége des jésuites, lorsqu'on y déposait son cœur, nous apprend que, dans les derniers jours de sa vie, il se fit revêtir de l'habit de jésuite et voulut mourir dans ce costume, se consolant ainsi de n'avoir pu le porter jusque-là d'une manière ostensible « Il avait demandé par des intercesseurs, au souve» rain pontife, la permission de changer la pourpre contre un habit reli» gieux, s'écriait le P. Nau ; mais quel était cet habit religieux qu'il vou» lait porter ? Je n'oserais le dire si cela n'était déjà connu de beaucoup » de personnes ; mais, quand je ne le dirais pas, ce cœur ne le tairait » point. Il choisit l'habit de la société à laquelle il avait dévoué son » cœur. O habit sacré et précieux ! Quel prix n'y attacha pas le très-saint » cardinal, vers la fin de sa vie et au moment de sa mort ! » (*Laudatio funebris Francisci cardinalis Rupefucaldii, dicta in sacello collegii Claromontani societatis Jesu à P. Nicolao Nau, ejusdem societatis. Parisiis : Cramoisy,* 1645.) Il n'était pas inutile de faire connaître les saints du calendrier du seigneur d'Hermopolis et de ses adhérens

Dans sa préface, M. de Marca louait la grande bonne foi et le soin très-scrupuleux avec lesquels les frères Dupuy avaient recueilli et présenté tous les actes publics anciens qui constataient l'antiquité et la perpétuité des libertés gallicanes [1].

Dans la seconde préface que M. de Marca mit à la suite de la première, lorsqu'il donna une nouvelle édition de son ouvrage en 1641, il disait : « Plusieurs per- » sonnes estiment que je n'ai blâmé qu'avec mollesse » les deux Tomes *des libertés gallicanes* censurés par » une assemblée d'évêques, parce que je me suis borné » à dire qu'on y trouve certaines expressions crues et » moins châtiées qui échappèrent à des écrivains du » temps de la Ligue ; mais j'ai pensé que, quoique ces » expressions fussent *impies et de profanes nouveautés* » *de paroles*, il fallait épargner la mémoire de ces au- » teurs ; et, pour qu'on ne fût pas tenté de les suspecter » d'hérésie, j'ai dit que leurs imprudentes expressions » ne devaient être imputées qu'à leur extrême chaleur » pour le Prince que la Ligue voulait détrôner [2]. »

XXII. Patience, M. le Comte! je n'ai qu'un mot à dire sur le quatrième point qui est celui où M. Frayssinous, défendant ouvertement son cher concordat de 1801, dit que Bossuet lui-même l'avait justifié d'avance « dans une » lettre de l'Assemblée de 1682, aux évêques de France, » parce qu'il y parlait ainsi : *Il est des circonstances où il faut prendre conseil de la nécessité ; et dans les gran-*

[1] *Prolegomena, seu admonitio ad lectorem*, à la fin du § III, page 37 de l'édition de Baluze

[2] *Secunda præfatio*, au § I, page 37 de l'édition de Baluze

des affaires, on ne néglige jamais impunément les temps opportuns et les occasions favorables [1].

Mais, 1° la lettre où se trouve ce passage, ne fut point envoyée par l'Assemblée aux évêques; et 2° elle n'avait pas pour but de justifier une infraction de la discipline et des saints canons, telle que les mesures prises à l'occasion du concordat de 1801 et par ce concordat-là même, mais un traité plus fiscal qu'ecclésiastique, la cession de la régale au Roi moyennant quelques concessions. Innocent XI avait lancé à ce sujet un bref fulminant contre l'Assemblée, et Bossuet, dans un projet de lettre aux évêques qui n'eut jamais sa complète exécution, la justifiait en réfutant le bref. Il faisait observer « qu'en vertu du décret du grand pape saint Léon : » *Nè episcopus*, qui reconnut dans les évêques le droit de » faire, pour l'avantage de leurs Eglises, des cessions, » donations, échanges de leurs biens temporels, plu» sieurs actes de ce genre avaient été faits sans que le » Saint-Siége imaginât de les juger invalides; qu'il y » avait une grande différence entre des droits avoués et » des droits contestés qu'on est obligé de soutenir con» tre de grandes puissances, qui éprouvent une oppo» sition générale dans tout un royaume, et dont un juge» ment, rendu par une autorité souveraine, pouvait » dépouiller le clergé; que loin qu'en cela on eût aban» donné le droit de l'Eglise, on avait au contraire réta» bli dans son intégrité un droit affaibli ou plutôt réduit » à rien, car le Roi avait consenti à ce que le clergé le » restreignît dans des bornes plus étroites. »

XXIII. Pour vous dédommager du sérieux de ces dis-

[1] *Vrais principes*, page 188.

cussions, M. le Comte, je viens enfin à mon espèce de doublure latine, M. Welle, qui, par sa réfutation de votre *Mémoire*, sous le titre de *Lettre à M. le comte de Montlosier, en réponse à son Mémoire*, m'a procuré l'honneur d'être auprès de vous l'interprète des évêques de l'Eglise grecque.

Il trouve fort bien (page 22) que les opinions ultramontaines s'accréditent aujourd'hui plus que jamais dans le clergé de France, et que ce clergé, piqué de ce que la puissance civile ne lui cède pas tout ce qu'il désire, travaille ardemment à dilater tant qu'il pourra les limites du pouvoir pontifical. Trop obséquieux envers le prélat-ministre qui donne les évêchés, pour ne pas adorer toutes ses innovations, il trouve la déclaration du 10 avril admirable pour rassurer le Roi, le seul qu'il importe à l'ambition de ménager. Personne, à en croire M. Welle, n'est et *ne fut* plus dévoué que lui à la dynastie des Bourbons. Mais on nous a fait parvenir deux écrits de cet *In partibus* qui sont en opposition diamétrale avec la lettre à votre adresse. Le premier est un beau sermon que, le 4 décembre 1810, il prononça dans l'Eglise métropolitaine de Paris, pour célébrer le double anniversaire du couronnement de Bonaparte par Pie VII en 1804, et de la victoire d'Austerlitz remportée en 1805, par le couronné de Pie VII. Ce prélat qui (page 6 de sa *lettre*) vous accuse, M. le Comte, « de compter pour rien les enfans de saint Louis, » s'écriait en 1810 dans la chaire de vérité : « Napoléon est celui que la religion a consacré pour être chef » du peuple français; il est aussi celui que la victoire a » signalé comme étant le premier dans les combats, » *aussi bien que parmi les princes*.... Puisse l'enfant que » son auguste épouse porte dans ses entrailles, être en-

» vironné à son berceau des plus heureux présages et
» répondre à nos vœux comme à nos espérances! Puisse-
» t-il, en conservant l'immense héritage de gloire et de
» puissance *que la Providence lui réserve*, perpétuer
» pour notre nation les plus beaux souvenirs, pour la
» religion ses premiers bienfaits, pour la patrie *ses plus*
» *fermes appuis*, pour la société ses plus beaux exem-
» ples! »

Cet ultramontain d'aujourd'hui, sous les Bourbons, ne présenta-t-il pas à Bonaparte, en 1811, lorsque celui-ci faisait au Pape une guerre outrée, un gros volume destiné à la justifier [1], et dans le discours préliminaire duquel, vouant au mépris les maximes ultramontaines, il disait : « Lorsque (jadis) elles furent
» assez accréditées pour conduire aux dignités et à la
» fortune, il se trouva, même en France, quelques es-
» prits assez étrangers, soit par intérêt, soit par pas-
» sion, aux maximes de l'Église gallicane, pour en at-
» taquer les défenseurs.... Le fondement de la liberté
» que réclame l'Église de France (au profit de Bona-
» parte), consiste surtout en ce que l'autorité spiri-
» tuelle qui gouverne l'Église entière, réside essentiel-
» lement dans l'Église catholique (et non dans le Pape
» seul), suivant cette parole de saint Jérôme : *Si l'on*
» *cherche une autorité, le monde est plus grand que*
» *Rome.* »

Aujourd'hui l'*In partibus* Welle dit, dans la lettre à votre adresse, Monsieur le Comte, que tous ceux que

[1] Il a pour titre : *Déclaration du clergé de France dans l'assemblée de* 1682, *Rapport de l'évêque de Tournay*, *Discours de Fleury*, *Déclaration du chapitre de Notre-Dame à Bonaparte*, *le* 6 *janvier* 1811. *Paris*, 1811, *chez Pillet et Périsse*.

vous désignez comme ultramontains, sont les seuls qui tiennent à la religion de vos ancêtres ; que lorsqu'on n'est pas catholique romain (de cette manière), on n'est rien du tout ; que les personnes qui ont de la droiture, doivent conclure de vos raisonnemens que l'ultramontanisme est une excellente chose ; que la doctrine de la supériorité des conciles sur le Pape et de son infaillibilité, n'est qu'une *opinion théologique* (pas plus probable que l'opinion contraire). Il ne donne pas même la qualification de théologique à celle de l'indépendance des couronnes, la regardant sans doute et seulement comme une affaire de politique.

J'aurais bien d'autres remarques à faire sur la lettre de M. Welle, si je ne craignais de vous ennuyer ; et je n'épargnerais pas l'endroit où il dit que Pie VII ne vint point sacrer Bonaparte comme empereur. Les prières que prononça le pontife et les rits qu'il observa dans cette rencontre, sont entre mes mains, et prouvent évidemment le contraire. M. Welle n'y a pas songé quand il a prétendu « que Pie VII refusa long-temps de se rendre » aux demandes et aux menaces de Bonaparte, qui vou» lait absolument être sacré par lui. » Il n'y eut point de menaces, et je peux établir que le sacre et couronnement était prévu, même convenu lors du concordat de 1801, dont il ne pouvait qu'être une suite à peu près naturelle. Mais laissons ces faits, et raisonnons. Dans le système historique de M. Welle, Pie VII n'aurait résisté que parce que cette démarche lui paraissait répréhensible ; or, si elle l'était, le Pape ne devait pas plus la faire en novembre 1804, que lors de la résistance antérieure qu'on lui suppose. M. Welle est bien complètement dans le vaisseau des jésuites, dont la règle est qu'une fin profitable justifie tout ce qu'on peut faire de mal pour y parvenir.

Oh ! les jésuites, comme il les préconise aujourd'hui dans sa lettre, de même que leurs congrégations, et leurs minutieuses autant que pompeuses pratiques de dévotion[1]. Mais, en 1811, ces jésuites, qu'il est impatient de voir rétablir légalement, il se félicitait alors de ce qu'ils avaient été supprimés, ainsi que tous les ordres monastiques après eux, s'écriant d'un ton peu propre à les en consoler : « Il n'existe plus de ces corporations qui » ne pouvaient subsister qu'à force d'exemptions et de » priviléges ; qui entreprenaient sans cesse sur la juri- » diction des pasteurs, et ne connaissaient pour maître » dans l'Église et dans l'État, que celui qui était étran- » ger à l'un, et ne protégeait pas toujours l'autre (le » Pape); ces sociétés dont les membres se distinguaient » aux yeux des fidèles dont ils avaient besoin de se faire » des appuis, par leur relâchement plutôt que par leur » sévérité. Ce sont eux (les jésuites) qui avaient imaginé » ces interprétations mensongères, ces probabilités que » la saine morale désavoue, et qui se faisaient remar- » quer par leur adresse à apaiser les consciences et à » trouver des accommodemens avec le ciel ! » M. Welle énumérait ensuite de cette manière anti-respectueuse les moyens congréganistiques employés par les jésuites pour s'asservir les peuples : « Des absolutions données » à des pécheurs souvent publics, sans avoir essayé » l'épreuve si nécessaire de la douleur et du repentir ;

[1] M. Welle leur avait déjà prodigué de grandes éloges dans son journal intitulé *Tablettes du Clergé*, notamment celles de novembre 1825, où il disait que les jésuites de Saint-Acheul, de Mont-Rouge et autres, leurs congréganistes et leurs missionnaires, ne sont décriés que par les *impies*.

» des pratiques à la place des devoirs ; des observances » à la place des bonnes œuvres ; des neuvaines au lieu » de véritables conversions ; des pélerinages au lieu de » sincères pénitences ; un respect aveugle pour des » croyances populaires, plutôt qu'une vraie soumission » aux premiers principes de la foi : voilà, s'écriait » M. Welle, ce qui caractérise en général la religion » des peuples qui ont vécu sous l'empire de ces opinions » nouvelles auxquelles l'Église gallicane est toujours » demeurée étrangère ! »

Si vous me demandez, M. le Comte, pourquoi M. Welle a passé ainsi du noir au blanc, je vous en ferai entrevoir le motif dans ce discours-là même de 1811, où, déplorant le sort « des écrivains qui furent » les apôtres et les défenseurs de la doctrine gallicane, » et qui n'eurent pas à se louer des hommes de leur » siècle, » il remarquait « que Gerson mourut pauvre ; » que Richer fut persécuté et emprisonné ; que Bossuet » ne fut point élevé au cardinalat. » Sur cela il s'écriait : « Mais, de bonne foi, les dignités et les richesses » furent-elles donc nécessaires à leur bonheur ? » Il en a jugé tout autrement pour lui-même depuis quelque temps, et ce *caméléonisme* ne lui a pas mal réussi.

La transition pourtant n'a pas été si brusque que vous pourriez le croire, M. le Comte [1]. Quand M. Welle vit,

[1] Il s'est fait une métamorphose aussi merveilleuse dans ce M. Armand Saintes, ex-professeur du collége de Lorgue, qui nous a lancé la plus volumineuse des réfutations de votre Mémoire, M. le Comte. C'est sans doute pour avoir les faveurs de M le grand-maître de l'Université, que, dans cette prétendue Réfutation, M. Saintes a si chaudement plaidé la cause des jésuites, après avoir publié l'année dernière un volume intitulé *le Vatican*, orné d'une estampe où je vois le pape Clément XIV

en 1815, qu'il n'avait plus rien à attendre de Bonaparte, et que les Bourbons étaient définitivement assis sur le trône de France; que c'était eux qu'il fallait gagner pour avoir des *dignités* et des *richesses* qu'il croyait *nécessaires* à son bonheur, il publia des *Considérations sur l'état actuel de la religion catholique en France*, en indiquant comme moyen de la rétablir, le choix de sa personne pour opérer efficacement ce grand œuvre, que cependant, sous Bonaparte, il avait dit parfaitement accompli. Craignant de perdre le canonicat et la chaire d'histoire ecclésiastique dont il avait été pourvu par la grâce de l'usurpateur, il disait « qu'il serait dangereux » de déplacer aucun ecclésiastique; » et il présentait les prêtres et les évêques qui s'étaient montrés les plus zélés pour les intérêts de Napoléon, comme plus royalistes, plus attachés aux Bourbons que ceux qui avaient été froissés, maltraités, repoussés, pour n'avoir pas voulu le reconnaître comme monarque légitime, et chanter avec M. Welle, M. Frayssinous, MM. Clausel, etc. : *Domine salvos fac consules; Domine salvam fac rempublicam; Domine salvum fac imperatorem.* « Oui », s'écriait-il, les prêtres favorisés par l'usurpateur, pour l'avoir loué jusqu'aux pieds des saints autels, « sont *évi*» *demment* les plus dévoués à la cause de la monarchie » légitime et à la personne des Bourbons [1]. »

foudroyant un révérend Père, représenté avec deux visages, et dans lequel, après avoir loué ce pape d'avoir supprimé la soi-disant société de Jésus, M. Saintes disait « que ce qui ne fait pas honneur à Pie VII, » c'est d'avoir rétabli cette société qu'un de ses prédécesseurs avait » frappée d'anathème, et dont il avait jugé l'existence incompatible avec » la sûreté des États. »

[1] Voyez page 119 des *Considérations sur l'état actuel de la religion*

XXIV. Tout cela est très-facétieux en paroles, mais affligeant en action. Ce chemin tortueux n'en a pas moins conduit M. Welle à un évêché *in partibus*, et à un fort bon canonicat d'évêque émérite, qui le détournera sans doute de venir me disputer mes ouailles. Je ne suis pas surpris que, dans sa lettre à votre adresse, M. le Comte (page 20), il s'égaie beaucoup, à sa manière de *tristraton*, sur les loups et les louveteaux, bien décidé qu'il est de ne pas s'exposer à la mésaventure du loup qui, revêtu de l'habit du berger, ne trouva pas son compte à venir dire au milieu des brebis :

« C'est moi qui suis Guillot, berger de ce troupeau. »

Il ne lui arriverait rien de pareil, je l'en assure, si, par impossible, concevant quelques remords de ne pas être allé, suivant l'ordre de son consécrateur et de l'Église, « porter l'Évangile aux peuples qui lui étaient indiqués, » il se faisait transporter chez les Eubéens, si voisins de l'Attique et les anciens alliés des Athéniens. Il y trouverait même l'avantage de s'y former peut-être à l'art de plaisanter avec grâce et légèreté. Ne jugez pas néanmoins du talent de mes compatriotes en ce genre par le style de ma lettre, où la gravité des matières et celle que me commande l'épiscopat, m'ont forcé d'être sérieux, malgré mon penchant natif à la gaieté. Ma mission n'était pas de vous amuser, mais de vous montrer l'intérêt que nous prenons à votre cause, et l'estime

catholique en France et sur les moyens de la rétablir, par M l'abbé Cottret, docteur et professeur de théologie, chanoine de l'Église métropolitaine de Paris, vicaire-général de Coutances (Paris, 1815)

profonde et bien sentie avec laquelle je suis personnellement votre admirateur,

✠ BALISIDÈS, évêque de Carystos.

Ce 1er juillet 1826.

XXV. *P. S.* Au moment où je signe cette lettre chez mon métropolitain, l'archevêque de Chalcis (Négrepont), un des bateaux à vapeur de lord Cochrane nous apporte les *Nouvelles Observations d'un ancien grand-vicaire, sur l'ouvrage de M. l'abbé de La Mennais.* Quel est donc ce soi-disant *ancien grand-vicaire* qui ne se nomme pas? Est-ce modestie de cacher son nom quand l'on se pare d'un titre aussi propre à capter la confiance publique? Un ancien grand-vicaire ne peut qu'être l'un de ceux qui partagèrent autrefois les travaux, les peines, la persécution, l'exil et les privations des évêques proscrits en 1791, et dépouillés de leurs siéges en 1802 pour prix de leur admirable constance dans les principes qui les avaient fait proscrire. De quel poids ne doit pas être le témoignage de l'un de ces vénérables coopérateurs de l'ancien épiscopat. lorsqu'il vient, dans ses *Observations* contre M. de La Mennais, porter aux nues le seigneur d'Hermopolis qu'a, pour ainsi dire, fait naître, du moins à la gloire, le nouveau clergé de 1802? Mais l'esprit qui règne dans l'apologie n'est que celui des hommes du Concordat de 1801, qui profitèrent des bouleversemens ecclésiastiques dont il fut la source, et qui ne sauraient être gallicans sans l'anathématiser, puisqu'il avait pour base l'ultramontanisme le plus renforcé, et pour but l'anéantissement des maximes gallicanes. Quand je vois le soi-disant *ancien grand-vicaire* affirmer, page 37, ligne 5, que le Pape a le droit de destituer les évêques, même sans jugement, et, page 41, applaudir à la destitution arbitraire que Pie VII fit de ces prélats, généreux confesseurs de la foi, je ne peux m'empêcher d'en conclure que l'auteur des *Observations* est l'une des créatures de ce Concordat de 1801 qui destitua réellement le monarque légitime par ses articles 6, 7 et 8, comme vous l'avez fort bien remarqué, M. le Comte; que cet auteur ne fut grand-vicaire que par la grâce de Bonaparte, et qu'au lieu de se qualifier d'*ancien*, il aurait dû se dire simplement ci-devant *grand-vicaire, et actuellement*...... que sais-je? peut-être assistant du seigneur d'Hermopolis.

A la tendre complaisance avec laquelle il cite, page 84, le compliment que l'évêque de Chartres a fait audit seigneur, et dont celui-ci s'est montré si reconnaissant quand il a loué avec tant de pompe ce prélat devant les députés de la France; à la parfaite concordance des *Observations* du ci-devant grand-vicaire, avec les raisonnemens de la Lettre de l'évêque de Chartres; comme encore à l'air de famille de l'un et de l'autre écrit, on croit voir deux frères soutenant de concert leur *afendis!* Dès-lors il n'est plus surprenant que l'un et l'autre partagent ses tendres sentimens pour les jésuites. Le ci-devant grand-vicaire se fait honneur (pages 46 et 55) de dire avec lui, d'après le sulpicien directeur, que les jésuites professent aussi bien qu'eux les maximes gallicanes, d'où l'on pourrait inférer qu'eux-mêmes les professent en jésuites.

L'art de courtisan étant plus difficile qu'on ne pense, il arrive souvent que l'adulation, quand elle est aveugle et maladroite, se tourne en *mandatema*. Dans les transports de la sienne, le ci-devant grand-vicaire croyant relever la dignité épiscopale de l'*afendis* avec quelques mots de saint Athanase, qui lui semblaient donner une grande illustration au siége d'Hermopolis, et en mettant les paroles de cet illustre et saint patriarche d'Alexandrie dans la bouche de S. E. l'*In partibus* ministre, ne s'est pas aperçu que l'epître d'où elles sont tirées pourrait être prise pour un acte d'accusation bien formel contre l'évêque actuel d'Hermopolis. Cette épître n'est qu'une suite de reproches que saint Athanase, sous la métropole de qui se trouvait cette ville, adressait à Draconce, ci-devant moine, qui, bien content d'avoir été élu évêque de cette ville, et s'étant fait sacrer aussitôt, vers 363, trouvait trop périlleux de s'y rendre, et plus commode de rester où il était, quoiqu'il n'y fût pas aussi bien qu'on le peut être à la cour d'un grand prince. Saint Athanase disait à cet infidèle suffragant, dans l'épître même que le soi-disant *ancien grand-vicaire* se plaît à nous indiquer : « Avant d'être ordonné évêque, vous » pouviez vivre pour vous-même ; mais vous deviez savoir qu'après votre ordination il ne vous serait plus » permis de vivre pour d'autres que pour les peuples » pour lesquels vous seriez ordonné. Maintenant que » vous l'êtes, ces peuples vous attendent, afin que vous » leur donniez la nourriture de la parole de Dieu. Que » si, tandis qu'ils vous attendent, tandis qu'ils souffrent la faim et que vous ne nourrissez que vous seul, » Notre Seigneur Jésus-Christ vous faisait comparaître » à son tribunal, en présence de ce bercail que vous » laissez en souffrance, quelle excuse valable auriez-» vous à donner ?.... Il vous importe donc bien peu » que quelques-unes des ouailles qu'il vous a confiées pé-

» rissent.... Mon cher Draconce, ne craignez-vous donc » pas ce jour du jugement où aucun des *conseillers* et » des flatteurs qui fascinent et endorment votre cons- » cience, ne viendra répondre pour vous, et où vous » serez seul pour vous excuser? Que servit-il à Adam » de dire à Dieu : *La femme m'a trompé?*..... A la vé- » rité, mon cher Draconce, vous êtes un homme faible » et de peu de consistance; mais rien ne peut vous » dispenser de prendre soin de votre église..... Les en- » nemis de Dieu, profitant de ce qu'elle est abandon- » née par vous, la ravageront plus qu'ils ne l'ont fait » jusqu'à présent....... Venez donc, mon cher suffra- » gant, venez seconder votre patriarche; ne nous lais- » sez pas seul dans nos combats contre l'arianisme. » Votre devoir est de travailler avec les autres évêques » de notre province, si vous voulez mériter avec eux » la récompense qui ne se donnera qu'à ceux qui au- » ront bien rempli leur devoir [1]. »

Si en France on n'avait pas l'excuse de ne pas connaître aussi bien que nous les écrits de saint Athanase, je me permettrais de dire, ce qu'à Dieu ne plaise, que l'*ancien* nouveau *grand-vicaire* fait aussi trop penser à l'apologue du petit chien, du maître et du *gadaros*. J'aurais mieux aimé qu'il nous eût cité quelque chose de relatif à cet autre évêque d'Hermopolis du même siècle,

[1] *Nosse te ac nihil ambigere convenit te antequam ordinavêre, tibi ipsi vixisse; ordinatum, iis quibus es ordinatus. .. Ordinatus cum sis, te populi expectant ut cibum illis subministres Scripturarum, nempe doctrinam; qui si dum expectant, fame laborent, teque solum ipsc alas, ac interim veniat Dominus noster Jesus-Christus, nosque in ejus conspectu sistamus: quam, quæso, invenias tui purgandi rationem, cum ipse esurientes suas oves conspiciat?... Non curas ne quis eorum qui*

Dioscore, qui fut persécuté par Théophile, patriarche d'Alexandrie, et qu'on appelait l'un des quatre grands *frères longs*, à cause de leur taille bien élancée vers le firmament.

tibi commissi sunt pereat?..... Annon diem judicii reformidas, in quâ nullus horum consiliariorum opitulator aderit?.... Quid profuerunt Adamo verba illa : Mulier me decepit?..., . *Tametsi reverâ infirmus es, dilectissime Draconti; sed te hanc curam suscipere convenit, nè deserta ecclesia, ab inimicis occasionem ex fugâ tuâ nactis lædatur. Par est ut te accingas, nè nos solos in certamine deseras : decet te unà cum aliis laborare, ut cum omnibus debitâ mercede doneris.*

www.ingramcontent.com/pod-product-compliance
Lightning Source LLC
LaVergne TN
LVHW010102240826
846091LV00017B/1380

9782013584111